四川大学博物馆藏品集萃

HUOBI JUAN

周克林　编著

霍大清　摄影

四川大学出版社

责任编辑：何　静
责任校对：王　静
封面设计：墨创文化
责任印制：王　炜

图书在版编目（CIP）数据

四川大学博物馆藏品集萃．货币卷／周克林编著；
霍大清摄影．—2版．—成都：四川大学出版社，
2019.9
　ISBN 978-7-5690-3084-6

　Ⅰ．①四…　Ⅱ．①周…②霍…　Ⅲ．①四川大学-博
物馆-历史文物-图录②古钱（考古）中国-图录
Ⅳ．①K870.2②K875.62

　中国版本图书馆CIP数据核字（2019）第199985号

书名	**四川大学博物馆藏品集萃·货币卷**
编　著	周克林
摄　影	霍大清
出　版	四川大学出版社
地　址	成都市一环路南一段24号（610065）
发　行	四川大学出版社
书　号	ISBN 978-7-5690-3084-6
印　刷	四川盛图彩色印刷有限公司
成品尺寸	210 mm×260 mm
印　张	13.5
字　数	415千字
版　次	2019年10月第2版
印　次	2019年10月第1次印刷
定　价	198.00元

◆读者邮购本书，请与本社发行科联系。
　电话：(028)85408408/(028)85401670/
　(028)85408023　邮政编码：610065
◆本社图书如有印装质量问题，请
　寄回出版社调换。
◆网址：http://www.scup.cn

丛书总序

霍 巍　四川大学博物馆馆长

　　四川大学博物馆的前身为建立于1914年的华西协合大学古物博物馆，是博物馆从西方传入中国之后，中国早期建立的博物馆之一，也是中国高校中第一座博物馆，拥有悠久的历史和丰富的馆藏文物，在中国博物馆事业发展史上具有重要的历史地位。

　　四川大学博物馆现收藏文物5万余套、8万多件，门类包括书画、陶瓷、钱币、刺绣、民族民俗文物等，不仅是教学、科研的重要实物资料，也是学校建设和社会服务的重要文化资源。在四川大学博物馆建馆一百周年和四川大学建校一百二十周年之际，我们组织馆内专业人员编写了这套"四川大学博物馆藏品集萃"丛书，旨在通过系统的分类介绍与研究，深入浅出，用生动通俗的文字配以精美的文物图片，向广大读者展示馆藏文物精品的历史价值、艺术价值和科学研究价值。

　　入选本套丛书的馆藏文物，许多都是国家一二级文物，甚至有数件国宝级文物。它们凝聚着不同历史时代丰富的信息，从不同的侧面映射出中华传统文化的神韵，也反映出中国西南地区独特的地域文化。特别值得指出的是，华西协合大学古物博物馆的创办者和管理者大多是训练有素、视野开阔的专家学者，他们往往在征集、收藏这些文物的同时，在当地也开展了相关的科学调查与研究工作，对其文化历史背景有着深刻的认识和理解。例如，本馆所藏20世纪30年代四川广汉三星堆遗址的玉石器，就是经过科学的考古发掘出土的，不仅有完整的田野考古发掘记录，而且还经过葛维汉（D.C.Graham）（时任华西协合大学古物博物馆馆长）、郑德坤等海内外著名学者的初步研究，为20世纪80年代三星堆考古的重大发现提供了宝贵的线索。三星堆的早期考古工作，被郭沫若先生誉为"华西考古的先锋"。又如，本馆所藏成都皮影精品，来自清末民初一个名叫"春乐图"的皮影戏班。独具眼光的前辈们不仅收藏了这个戏班珍贵的皮影，同时还将制作皮影的全套工具、数百份皮影戏唱本悉数加以征集，形成可供后世进行系统科学研究的成都皮影藏品系列，其价值自然远在单件皮影之上。类似这样的例子还有很多。正是基于这样深厚的学术背景，本馆的各类文物的收藏就某种意义而言见证了我国西南地区历史学、考古学、民族学、民俗学、艺术史等多个学科早期发展的历程，也见证了四川大学这所百年名校对于构建中国现代学术体系所做出的卓越贡献。

本套丛书的撰著者均为四川大学培养的考古学、文物学、博物馆学和艺术史等学科的中青年学者，他们对母校和博物馆怀有深厚的感情，接受过良好的专业训练，术业各有专攻。这套丛书的编写，既是他们献给百年馆庆最好的一份礼物，也是博物馆为四川大学一百二十周年校庆献上的一份厚礼。我深信，通过这套丛书，读者不仅可以"透物见人"，回顾四川大学博物馆这座百年名馆的光辉历史，而且可以在我们的导引下步入这座号称"古来华西第一馆"的庄严殿堂，感知其深厚的文化积淀和灿烂的时代风采，感受一个充满前贤智慧结晶的奇妙世界，体验一次令您终生难忘的博物馆之旅。

是为序。

目录

概述
GAISHU

货币与人类社会以及经济发展息息相关,在各个方面都发挥了重要作用。它是商品交换中的一般等价物,是商品交换发展到一定阶段的必然产物。从原始社会末期开始出现,发展到今天,货币已有近五千年的历史。货币的划分标准比较多,按照性质和功能区分,有商品货币、代用货币、信用货币和电子货币四种;按照材质的不同,则有金币、银币、铜币、纸币等。对于我国近代以前货币的分类,学术界通常依据材质的不同来进行。本书亦采用这种方法。

一、中国近代以前货币发展简况

作为一个文明古国,我国的货币经历了漫长的发展历程,具有悠久的历史,产生了丰富的货币种类。从材质来看,我国近代以前用以制造货币的材料很多,有金、银、铜、铁、铅、锡、纸、布、海贝、珠、玉、龟壳、象牙和绢帛等,其中最为常见的是铜、铁、金、银和纸,或是直接以实物的原始形态充当货币,或是再加工出一定的形状后进入货币流通领域。根据材质的不同,我国主要的货币可以划分为实物货币、铜铸币、金银币和纸币。实物货币包括贝币和绢帛等,铜铸币包括铜钱和铜元(铁钱亦在其中),金银币则包括金锭、银锭、金元、银元等。除此之外,还有与货币关系比较密切的票证、代用币和花钱等。票证和代用币在特定时期、特定地域具有货币的一些功能,而花钱则是货币的衍生物,在绝大多数情况下不具有货币功能。

综合来看,我国近代以前的货币发展大体可划分为以下几个阶段:

第一阶段:原始货币时期,大体相当于新石器时代末期到夏、商、周三代。从考古发现来看,我国大概从旧石器时代晚期开始,一些地方已经出现了原始的交换行为。到新石器时代晚期,随着经济的发展,各个区域之间的交流日益频繁,商品交换萌芽,交换的媒介开始固定在一些物品上,玉、贝、猪头骨、猪下颌骨等开始成为财富的象征,具有一般等价物的功能。到夏、商、周三代,社会分工和商品交换进一步发展,海贝及其仿制品日益成为交换的媒介,更加深入到社会生活的各个方面,商业贸易要用贝,祭神祭祖要用贝,计算物品的价值也要用贝。贝已经具备价值尺度、流通手段、支付手段等货币功能,成为十足的货币。但是,由于这种货币是直接采用其原始形态,而且无法及时根据市场的变化来调节流通量,还具有很大的局限性。除作为货币外,海贝还时常被用于装饰和祭祀等活动中。因此,贝币还是一种实物货币,属于原始货币的阶段。本书图1至图5所展示的各种贝币,即是这一阶段货币型态的反映。

第二阶段:金属铸币初步发展时期,即春秋战国时期。我国金属铸币的滥觞可追溯到商周时期,春秋时期,各国开始广泛采用青铜铸造货币,海贝在流通中的地位开始被取代。战国时期,逐渐形成了布币、刀币、圜钱、蚁鼻钱四大金属铸币体系。韩、赵、魏三国主要流通布币,燕、齐两国以刀币为主，楚国主要流通蚁鼻钱，圜钱主要是秦国的货币。到战国晚期，圆形方孔成为圜钱的主要形态，半两是其主要币种。黄金作为称量货币主要在楚国使用，海贝逐渐退出了流通领域。本书图6"蚁鼻钱"、图7至图12"布币"、图13至图15"刀币"、图16"圜钱"与图17和图18"半两"钱，即分别代表了战国时期我国四大金属铸币体系，反映了春秋战国时期货币发展的基本面貌。

第三阶段：量名钱时期，大体相当于秦汉到隋代。所谓量名钱，即钱币的名称系据其重量而定。半两、五铢是这一时期最主要的两种量名钱。秦代，随着秦始皇灭六国统一中国，秦国的半两钱取代其他币种，成为国家法定的唯一青铜铸币，从此圆形方孔成为铜铸币的主要形态。西汉继续沿用"半两"的货币名称，但鉴于秦钱太重、流通不便的情况，进行了货币改革，先后铸行过榆荚半两、八铢半两、四铢半两（图19）、有郭四铢半两（图21），并允许私人铸造。汉武帝根据西汉初年货币改革的情况，废止了半两钱，转而铸造五铢钱（图22），并将铸币权收归政府。从此，五铢钱成为隋以前最主要的币种。王莽建立新朝后，为巩固自己的统治地位，推行了货币改革，一反以前的做法，所铸货币不再以重量命名，而是标明面值。这对五铢钱体制造成了第一次严重冲击。图24"大泉五十"、图25"小泉直一"、图26"大布黄千"、图27"货布"、图28"货泉"，即是王莽货币改革的产物。东汉建立后，又恢复铸行五铢钱。魏晋南北朝时期，随着国家陷入长时期的分裂割据状态，货币的铸行也出现混乱状况，汉朝的单一状态不复存在。其发展呈现出两种趋势：一是彻底突破五铢钱体制的束缚，沿袭王莽的做法，亦不以重量命名，或是在钱文中加入年号、国号，如汉兴钱（图35）、大夏真兴钱等；或是在钱文中考虑货币的特

性，如丰货（图36）、五行大布（图39）、永通万国等；或是在钱文中标明面值，如太平百钱（图34）、大泉五百、大泉当千等。这为后世通宝钱体制的出现奠定了基础。二是继续沿着量名钱体制的轨道发展，或是完全沿袭"五铢"名称，如曹魏五铢、萧梁五铢等；或是继续沿用"五铢"名称，同时又加入年号因素，如太和五铢、永安五铢（图38）等；或是在"五铢"名称前加上面值，如直百五铢（图32）；或是摒弃"五铢"名称，在钱文中另外标明重量，如四铢（图37）、太货六铢等。直到589年隋朝重新统一中国后，随着隋五铢（图40）成为唯一的法定金属铸币，这种混乱状况才告结束，才复归五铢钱体制。西汉时，黄金、白银亦曾充当货币，金币称为"麟趾""褭蹄"，银币称为"白金三品"。

第四阶段：通宝钱体制初期，即唐五代时期。所谓通宝，即钱文中有"元宝""通宝""重宝"之类的文字。武德四年（621），唐高祖废止五铢钱，铸行开元通宝。这种钱币既可读为"开元通宝"，也可读为"开通元宝"，对后世产生了深远的影响。首先，从此以后历代铜钱不再以重量命名，而以"元宝""通宝"之类的文字来命名，使量名钱体制彻底退出了历史舞台，我国金属铸币发展到了更高的阶段；其次，由于这种钱币大小适中，比较符合封建社会后期经济发展和商品交换的需要，从而成为历代铜钱的样板。除开元通宝外，唐代还先后铸行过乾封泉宝、乾元重宝、大中通宝、会昌开元通宝（图41）等币种。907年，唐王朝灭亡，中国进入了五代十国这样一个分裂割据的时期，各国纷纷铸行各自的钱币。这些钱币沿袭、发展了通宝钱体制，或是以年号加"通宝""元宝"之类的文字命名钱币，如开平元宝、天成元宝、天汉元宝、广政通宝（图44）等；或是以国号加"通

宝""元宝"之类的文字命名钱币，如汉元通宝、周元通宝（图42）、大齐通宝（图43）、唐国通宝、大蜀通宝等。五代十国的货币虽然呈现出混乱的状况，但也进一步发展了唐朝所创立的通宝钱体制，特别是钱文中冠以年号的做法，对后世产生了深远的影响。不仅如此，一些割据政权为维护自身利益，纷纷铸行铁质、铅质等贱金属铸币，对宋代铁钱的铸造、钱币流通区域性的形成产生了较大的影响。此外，在贵金属货币方面，白银在货币流通中的作用日益重要，开始以圆或长方的形状出现在流通领域，时人称之为"饼"或"铤"。

第五阶段： 通宝钱与纸币并用时期，即宋、金、元代和明代早期。宋代进一步规范和发展了通宝钱制度，确立了改元即铸行新钱的制度，而且常常铸行大小不同的钱币，对后世通宝钱制度的发展产生了比较大的影响。此外，宋代钱币还具有钱文复杂、书体变化多样的特点，在流通中铜钱和铁钱并行，由此形成铜钱和铁钱的不同流通区域。咸平元宝（图46）、熙宁元宝（图47）、大观通宝（图50）、政和通宝（图51）等是宋代铜钱的代表，而嘉定通宝（图54）、嘉定正宝（图56）等是宋代铁钱的典型。辽、西夏、金、元受宋的影响，所铸铜钱亦多为年号钱，如西夏"天盛元宝"（图52）、金朝"正隆元宝"（图53）、元朝"至正通宝"（图62）等。明代早期为避明太祖朱元璋之讳，所铸铜钱皆称"通宝"，不再称"元宝"，如"大中通宝"（图64）、"洪武通宝"（图65）、"永乐通宝"（图66）等。这一做法基本为后世所沿袭。从11世纪初期开始，宋、金、元、明各个王朝还发行纸币。宋代纸币为可兑换纸币，北宋时主要流通于四川地区，称为"交子""钱引"，先后经历过私交子和官交子两个阶段；南宋时纸币称为"关子"和"会子"，几乎流通于南宋全境。金代纸币为不

兑换纸币，进一步完善了北宋以来的纸币制度，名称很多，有"贞元交钞""贞祐宝券""兴定宝泉"等。元代是我国古代纸币最为发达的时期，纸币成为最主要的流通货币，建立起了相当完善的纯纸币流通制度，在世界货币史上产生了重要的影响，其名称有"中统元宝交钞""中统元宝钞""至元通行宝钞"等。明代早期，纸币继续发行和流通，币种仅"大明通行宝钞"（图102）一种。中期，因严重贬值，纸币被废止。贵金属货币白银在流通中的地位进一步提高，金朝曾铸行"承安宝货"银币，元朝则以白银作为纸币发行的钞本。银锭仍呈长方形，但变得粗短，两侧内收。北宋时两端平齐，南宋时两端变为弧形，金、元的银锭与南宋近似，但开始出现表面微凹的现象。两宋时称银锭为"铤""锭""笏""版"，元代称为"元宝"。

第六阶段： 通宝钱与白银并用时期，即明代中期到清代晚期。明代中期沿袭早期的货币政策，继续铸行通宝钱，并开始在钱币背面标明铸造机构。这一做法为清朝所沿用，并进一步规范。清朝所铸钱币的钱文亦多为"通宝"，如"顺治通宝"（图74）、"康熙通宝"（图75）等，直到咸丰年间发行大钱，才又开始恢复"元宝""重宝"的称谓，如"咸丰重宝"（图84）、"咸丰元宝"（图90）等。从明代中期开始，白银正式成为国家的法定通货。明代银锭两侧内收很深，两头上翘。清代银锭分大、中、小三种类型，大锭大体呈圆形，两头上翘，形似马蹄，称为元宝，重五十两；中锭多呈锤形，称为小元宝，重约十两；小锭形似馒头，称为锞子，重一至五两。四川大学博物馆所藏"鸿发长"马蹄形银锭（图150）、船形银锭（图151），即反映了清代大型银锭的典型特征。此外，清代还有一两以下的散银，形状不固定，称为"滴珠""福珠"等。从乾隆年间起，清政府开始模仿

外国银元零星铸造中国银元。除铜钱外，清代还发行过"顺治钞贯"和咸丰"户部官票"、"大清宝钞"（图103、图104）等纸币，但都是流通不久即废止。

第七阶段：货币近代化时期，即清末到民国时期。自1840年英国发动第一次鸦片战争，强迫清政府打开国门后，西方列强不仅在政治上欺压中国政府，攫取中国领土，而且在经济上也不断向中国内陆渗透，掠夺各种经济资源。在这种情形下，中国原有的货币制度在西方货币制度的不断冲击下，以铜钱和白银为主的货币体系逐渐崩溃，在货币的制作、发行、管理诸方面都开始向西方学习，纸币和金属铸币的发展都进入了新的阶段，中国货币的发展走上了曲折而艰难的近代化道路。在金属铸币方面，从光绪二十六年（1900）起，清政府开始大规模采用机器模仿西方铸币的形态，铸造圆形无穿的金、银、铜元，如光绪元宝库平三分六厘银币（图153）、大清铜币当制钱十文铜元（图164）等。在纸币方面，中国古代纸币被摒弃，纸币形制也开始模仿西方纸币，如宣统元年发行的交通银行壹圆券（图105）等。在货币的发行、管理方面，不少官办、官商合办、商办银行设立，如大清户部银行、中国通商银行、交通银行、浙江兴业银行、四明银行、上海信成银行、北京储蓄银行等，开展纸币的发行、储蓄等业务。在流通方面，各种新币种涌现，而以往的圆形方孔铜钱和白银称量货币逐渐退出流通领域。中华民国建立以后，货币的这种近代化趋势仍在继续发展。1935年以前，由于各地军阀割据混战，货币的发行、管理基本为军阀所控制，各种性质的银行不断涌现，币种繁乱，不仅有各种各样的纸币、铜元和银元，甚至出现了具有一定货币功能的各种代价券、代用币。1935年以后，随着国民政府"法币"制度的推行，货币的发行、流通

逐渐得到规范，铜元和银元除在局部地域继续流通外，逐步退出了流通领域，纸币和镍币成为主要币种，货币的发行权主要为中央银行、交通银行、中国银行和中国农民银行四大国家银行所控制。同一时期，中国共产党领导下的人民货币也在逐渐发展壮大。日本发动侵华战争时也曾扶持一些伪政权发行过一些货币。

除流通货币外，我国古代还有一种具有钱币外形的物品，不得不提及，这就是现代钱币学界所称的"花钱"。"花钱"是我国古代宗教文化与以铜钱为代表的货币文化相结合而产生的货币衍生物，最早产生于西汉中期，经过东汉魏晋南北朝和隋唐五代的发展，在宋元明清时期进入鼎盛时期。中华民国建立以后，随着封建社会的衰亡和铜钱退出历史舞台，它也最终走向了衰亡。从功能上区分，"花钱"大致可分为压胜、游戏、凭信、纪念等类别。"花钱"对于了解、研究我国古代宗教信仰、书法艺术、民风民俗等，都具有重要意义。

从唐宋一直到明清时期，中国古代以铜钱为代表的货币制度还对一些周边国家产生过比较大的影响，日本、朝鲜、越南等都曾长期采用汉文铸行圆形方孔铜钱，如日本的"宽永通宝"（图99）、朝鲜的"常平通宝"（图100）、越南的"景盛通宝"（图101）等，构建起一个以中国货币为核心的古代东方货币体系。这个体系与以西亚、欧洲货币为代表的西方货币体系迥异。前者的金属铸币多呈圆形方孔，采用范铸和翻砂技法铸造；而后者的金属铸币则呈圆板形，采用模压技术制作。西方货币大致从南北朝起开始传入中国，或是作为装饰品，或是作为随葬品被埋入坟墓中，或是作为宝货被收藏；而日本、朝鲜和越南等东亚国家的货币，更是自产生之日起就不断流入中国市场，发挥着货币的功能。它们丰富了中国的货币文化。

二、四川大学博物馆货币藏品来源及特色

中国悠久的货币发展历史，为后世遗留下了十分丰富的货币实物，货币自然成为现今众多历史博物馆收藏的重要门类。四川大学博物馆亦是如此。作为拥有百年历史的名馆，四川大学博物馆自1914年创立伊始，就十分重视各个历史时期货币的收藏，迄今为止，已收藏有近3万枚（张）各类货币实物。

四川大学博物馆货币藏品的来源渠道多种多样，有的来自于考古发掘所得，如20世纪二三十年代葛维汉（D. C. Graham）馆长主持发掘重庆、宜宾一带汉墓所得的五铢钱币；有的来自于社会各界的捐赠，如1919年戴谦和（D. S. Dye）馆长将美国人辛蒲金赠给他的一枚美国铜币捐赠给四川大学博物馆，1934年又将他在西亚等地收集的一批叙利亚、加拿大银币和巴勒斯坦铜币捐赠给四川大学博物馆，1941年赵燕嘉（音译）将一批民国银币和墨西哥银币捐赠给四川大学博物馆，1950年传教士马宝瑾将一批光绪元宝银币、宣统元宝银币、加拿大银币、民国铜元和日本铜币捐赠给四川大学博物馆，1951年华西协合大学教师费尔璞将10枚乾隆通宝捐赠给四川大学博物馆，20世纪80年代著名学者周太玄之子、四川大学教师周仲碧向四川大学博物馆捐赠100余枚历代钱币和近代镍币；有的是征集而来，如1934年戴谦和从雅安征集到"鸿发长"银锭1枚（图150），20世纪30年代陶然士（Thomas Torrance）在山东等地征集到一批战国时期燕国、齐国刀币；有的是从私人收藏者手中购买的，如1951年闻宥馆长主持购买了一批中外铜币，1952年又购进一批宋元明清铜钱和越南钱币，1954年分别从谭子筠、刘泽高、付海波等收藏者手中购买了一大批历代铜钱；也有的来自于调拨，如20世纪90年代中国人民银行四川省分行曾将一批20世纪四五十年代的人民货币调拨给四川大学博物馆。在这些众多的来源渠道中，收购和捐赠是四川大学博物馆货币藏品的主要来源。四川大学博物馆的货币藏品就这样汇集涓涓细流而蔚为大观。

四川大学博物馆货币藏品收藏的持续性及其来源的多样性，不仅使馆藏品的总数得以持续增加，收藏门类进一步丰富，而且记录了社会各界对四川大学博物馆建设的大力支持，反映了四川大学博物馆一百年来的发展历程。它们不仅是古人留给后世的丰厚文化遗产，而且是四川大学博物馆百年历史的有力见证。

四川大学博物馆货币藏品有四大特色：首先，涵盖历史时期长，从商周一直到近代各个时期的货币基本都有，几乎是中国近代以前货币史的完整再现；其次，货币种类丰富，按照材质和性质区分，就有贝币、刀币、布币、铜钱、铁钱、铜币、银币、金币、镍币、纸币、票证、代用币等十余个大类，其中铜钱、铜币、银币、纸币数量尤多；第三，不仅有大量的流通货币，而且还有数百枚各种各样的"花钱"；第四，不仅有数量众多的中国流通货币和"花钱"，而且还有一定数量的外国货币。

四川大学博物馆所藏这些货币实物体量虽小，制作也谈不上精致，但具有十分重要的研究价值。

首先，大量的流通货币藏品不仅为研究我国货币史提供了重要的历史信息，对于后世货币的发行和管理具有重要的借鉴意义，而且对于探究铸造工艺史，研究我国古代书法艺术的演变，也具有重要的参考价值；其次，各类花钱不仅造型多样，而且图像和文字十分丰富，内容涉及历史、宗教、神话、民俗、娱乐、书法、美术等许多方面，为研究我国古代宗教、民俗、艺术等课题提供了一个独特的视角，颇具研究价值；再次，各种外国货币藏品不仅为研究外国货币史提供了重要的历史信息，而且对于探讨中外货币文化的相互影响，研究西方列强对亚洲各国的殖民历史，也具有十分重要的意义。

三、本卷收录货币的特点与意义

本卷共收录货币藏品265件（套），虽然数量不多，仅是四川大学博物馆众多货币藏品中很少的一部分，但它们都具有比较重要的历史意义和价值。首先，绝大部分藏品的品相较好，反映了我国古代货币的形制特点；其次，材质比较丰富，既有铜、铁、纸等较为常见的材质，还有贝、骨、银、铅等较为少见的材质，比较清晰地反映了我国古代货币的材质情况；其三，品种较为齐全，从先秦到民国，几乎各个历史时期的主要货币种类都有，勾勒出我国货币发展演变的主要脉络；其四，不少货币藏品不仅记录了丰富的货币史信息，还见证了一定时期的历史事件，如图42 "周元通宝" 就曲折地反映了五代后周的灭佛事件，图43 "大齐通宝" 见证了南唐皇帝李昇篡夺吴国政权的历史事件，图45 "应运通宝" 记录了北宋初年四川地区的王小波、李顺起义，图77 "昭武通宝" 反映了清康熙年间吴三桂发动叛乱的历史事实，图139 "商办川省川汉铁路有限公司小股壹股票" 见证了清末四川人民轰轰烈烈的保路运动，图156 "袁世凯洪宪纪念银币" 记录了民国初年袁世凯企图推翻共和、复辟帝制的历史丑剧，等等；其五，披露了相当一批代用币，这是我国学术界和收藏界首次大规模公布此类材料，为代用币和四川地区货币研究提供了一批新材料，对于推动我国代用币研究具有积极意义；其六，所收录的花钱既有各种常见品种，如长命富贵金玉满堂压胜钱（图229）、百福百寿压胜钱（图230）、道教雷霆咒语压胜钱（图236）、连生贵子压胜钱（图242）等，也有一些罕见的品种，如大美万岁压胜钱（图248）等，进一步丰富了我国古代花钱的种类，为花钱研究提供了新材料。

总之，本卷所披露的货币藏品，都是四川大学博物馆众多货币藏品中颇具代表性的，是该类藏品中的精品，足以体现四川大学博物馆货币藏品的特色，展示我国多姿多彩的货币文化，勾勒出我国货币发展演变的主要脉络，而且在一定程度上还可以反映中外货币文化交流的丰硕成果。

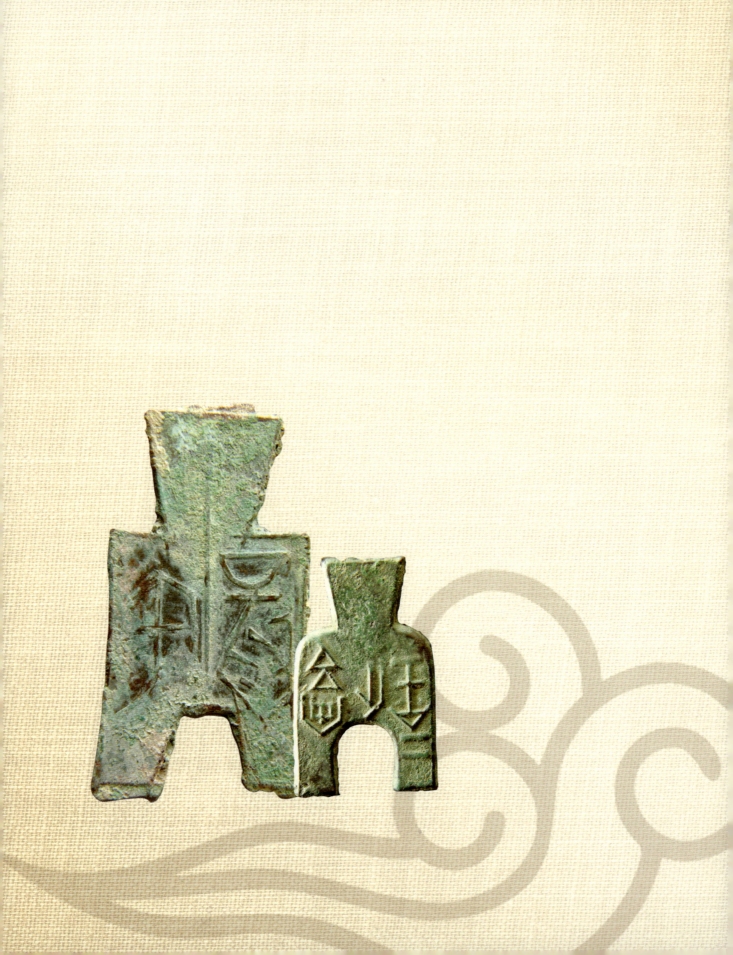

图录

第一部分

先秦货币

  先秦时期是我国货币史上一个十分重要的阶段，在这一时期，我国货币的发展经历了从实物货币向金属铸币过渡的漫长而曲折的历程，最终金属铸币得以发展、成熟，在我国经济领域发挥着日益重要的作用。

  四川大学博物馆所藏先秦货币藏品，较为清晰地展现了我国先秦货币发展的这一重要趋势。

大孔海贝

年代： 商
质地： 海贝
尺寸： 长径2.00厘米，短径1.50厘米
重量： 2.80克
略呈椭圆形。一面凸，一端有一圆孔；另一面平，中有一道凹槽，槽两侧有齿纹。

【图1】

  海贝是我国目前所知最早的货币。大约在新石器时代晚期到夏代这一阶段，海贝就已经开始在交易活动中充当一般等价物。到商周时期，海贝更是经常性地被用于随葬、赏赐、买卖物资等活动中，财富的象征意义日益浓厚，商品交换媒介的作用日益凸显。除主要作为货币使用外，海贝在这一时期还经常被用于装饰和祭祀等活动中，这表明海贝还只是一种原始货币。这枚海贝和下文将要介绍的海贝、石贝和骨贝，都是我国商周时期货币发展的历史见证。

背磨式海贝

年代： 西周
质地： 海贝
尺寸： 长径2.90厘米，短径2.00厘米
重量： 4.80克
略呈椭圆形。一面凸，中有一道凹槽，槽两侧有齿纹；另一面磨平，内凹。

【图2】

背磨式石贝

年代：西周
质地：石
尺寸：长径1.80厘米，短径1.40厘米
重量：2.10克

略呈椭圆形。一面凸，中有一道凹槽，槽两侧有齿纹；另一面磨平，两端各凿有一个圆孔。

商周时期中原地区的海贝主要来自于东南沿海地区，路途遥远，这使得海贝在满足市场流通方面存在着天然的不足，不能根据市场变化及时在流通数量上做出相应的调整。为弥补这一缺陷，人们利用石、骨等材料，模仿海贝的形状，制作了一些人工仿贝，希望以此来满足流通、装饰、祭祀等方面的需要。这枚石贝以及下文将要介绍的骨贝，就是在这种情况下产生的。

【图3】

【图4】

背磨式骨贝

年代：西周
质地：骨
尺寸：长径2.80厘米，短径1.90厘米
重量：3.20克

略呈椭圆形。一面凸，中有一道凹槽，槽两侧有齿纹；另一面磨平，凿有两个圆孔。

背磨式铜贝

年代：西周

质地：青铜

尺寸：长径2.60厘米，短径1.80厘米

重量：3.70克

略呈椭圆形。一面凸，中有一道凹槽，槽两侧刻齿纹；另一面平，凹槽穿透，与凸面相通。

　　我国金属铸币滥觞于何时，曾经是一个难解之谜。新中国成立以后，考古工作者在中原地区商周墓葬中陆续发掘出土了几批青铜贝币，表明这一时期就是我国金属铸币的滥觞期。这枚铜贝是我国金属铸币滥觞的实物见证。

【图5】

【图6】

蚁鼻钱

年代：战国

质地：青铜

尺寸：长1.59厘米，最宽处1.03厘米

重量：1.65克

上宽下窄，略呈梯形。一面凸，上有一文字；另一面平。

　　战国时期，楚国继承和发展了商周以贝为货币的传统，铸造出了特有的贝形金属铸币，因这种铸币正面有金文，形似传说中的鬼脸，或蚂蚁爬上鼻的形状，故俗称之为"鬼脸钱"或"蚁鼻钱"。至于正面文字究竟为何字，目前尚无定论。这枚蚁鼻钱反映了楚国贝形金属铸币的典型特征。

"安邑一釿"布币

年代： 战国
质地： 青铜
尺寸： 长6.30厘米，最宽处3.70厘米
重量： 25.70克

平首，圆肩，直腰，方足，圆裆。通体呈绿色。面文高挺，为"安邑一釿"四字；光背。

【图7】

战国时期，我国的金属铸币有布币、刀币、铜贝（蚁鼻钱）和圜钱四大类，周王室及韩、赵、魏三国以布币为主，燕、齐二国以刀币为主，楚国以铜贝为主，秦国则主要流通圜钱。布币是取象于青铜农具铲发展演化而来的一种货币形态。这枚布币是魏国布币的一种。"安邑"是魏国早期都城，大致在今山西夏县。"釿"为先秦时期金属重量单位，亦为当时东方各国所使用的一种货币单位，1釿约合今15克。

"安邑二釿"布币

年代： 战国
质地： 青铜
尺寸： 长6.27厘米，最宽处3.90厘米
重量： 23.51克

平首，圆肩，直腰，方足，圆裆。通体呈绿色。面文高挺，为"安邑二釿"四字；光背。

【图8】

这枚布币也属于魏国货币。

"宅阳" 布币

年代： 战国

质地： 青铜

尺寸： 长4.59厘米，最宽处2.46厘米

重量： 6.08克

平首，肩微耸，直腰，方足，方裆。通体呈绿色。正面自首至裆有一条竖线纹，竖线两侧各有一字，为篆书"宅陽"二字；背面自首至裆亦有一条竖线纹，竖线左侧有一条斜线纹。

【图9】

由于"宅阳"在战国时期地处韩、魏两国交界地带，关于这种布币的国别，目前学术界尚有韩国或魏国的争议。从地理形势和文字书写特点来看，学者多倾向于将其归为韩国布币。

"北箕邑" 布币

年代： 战国

质地： 青铜

尺寸： 长4.20厘米，最宽处2.60厘米

重量： 4.80克

平首，平肩，直腰，方足，方裆。通体呈灰绿色。正面从首至裆有一条竖线纹，竖线左右两侧各有金文，为篆书"北箕邑"三字，笔画纤细；背面自首至裆亦有一条竖线纹，竖线左右各有一条斜线纹。

【图10】

这是一枚赵国布币。"北箕邑"是赵国地名，大致在今山西太谷。

四川大学博物馆藏品集萃

货币卷

"兹氏半"布币

年代：战国
质地：青铜
尺寸：长5.60厘米，最宽处2.70厘米
重量：6.30克

平首，耸肩，直腰，方足，方裆。通体呈绿色。文字笔画纤细，面文为篆书"兹氏半"，背文为篆书"二十二"。

这是一枚赵国的布币。"兹氏"为赵国地名，大致在今山西汾阳一带；"半"为货币面值。

【图11】

【图12】

"安阳"布币

年代：战国
质地：青铜
尺寸：长5.20厘米，最宽处3.00厘米
重量：11.40克

平首，平肩，弧腰，方足，方裆。通体呈黑色，局部有绿锈。正面自首至裆有一条竖线纹，竖线两侧各有一字，为篆书"安陽"二字，文字平夷；背面自首至裆亦有一条竖线纹，竖线两侧各有一条斜线纹。

战国时期，秦、齐、燕、韩、赵、魏六国皆有地名"安阳"，由于这种布币多出土于韩、赵、魏三国故地，故其可能为这三国的金属铸币。韩国安阳大致在今河南陕县，魏国安阳大致在今河南安阳，赵国有东、西安阳，东安阳在今河北蔚县，西安阳在今内蒙古包头市西部。

"齐法化" 刀币

年代： 战国
质地： 青铜
尺寸： 长18.00厘米，最宽处2.87厘米
重量： 42.30克

刀形，尖首，弧背，环首，边有郭。正面刀身有"齐法化"三字，柄部有两条竖线纹；背面刀身上部有三条横线，下部有一"吉"字，柄部有两条竖线纹。

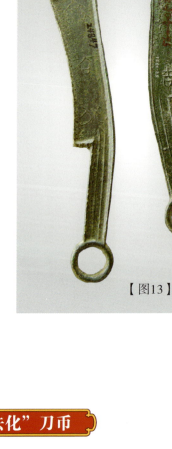

这是齐国的一种刀币。所谓"齐法化"，即齐国法定货币之意。刀币是取象于青铜削刀发展演化而来的一种货币形态。

【图13】

【图14】

"齐造邦䜣法化" 刀币

年代： 战国
质地： 青铜
尺寸： 长18.20厘米，最宽处3.16厘米
重量： 46.70克

刀形，尖首，弧背，环首，边有郭。正面刀身有"齊造邦䜣法化"六字，柄部有两条竖线纹；背面刀身上部有三条横线，下部有一圆圈，柄部有三条竖线纹。

关于这种刀币的铸造历史背景，学术界大体有四种意见：一种认为，这是为纪念姜太公在西周初年创建齐国而铸；一种认为，这是为庆贺田姓取代姜姓成为齐国最高统治者而铸造的开国纪念币；一种认为，这是为表彰公元前三世纪中期齐襄王驱除燕国势力，恢复齐国国土而铸；一种认为，这是为颂扬战国中期某位齐王开疆拓土的丰功伟绩而铸。到底何种意见更接近历史的真实，还有待于今后更多的考古发现和更为深入的研究。

"明" 刀币

年代： 战国
质地： 青铜
尺寸： 长13.32厘米，最宽处1.73厘米
重量： 16.64克

刀形，刀首平，背磬折，环首，边有郭。正面刀身中部有一"明"字，柄部有两条竖线纹；背面刀身中部有一"左"字，柄部有三条竖线纹。

关于这种刀币正面的文字，学术界的释读意见颇多，有"明""盟""同""召"等十余种，以释为"明"字者居多。释"明"者又分为两种意见，一是主张"明"为地名，二是认为其指代燕国国名。

【图15】

"垣" 圜钱

年代： 战国
质地： 青铜
尺寸： 直径4.25厘米，孔径0.56厘米
重量： 10.65克

圆形圆穿，通体生绿锈。面、背皆无内外郭，狭穿，边缘有铸茬。正面穿右有一"垣"字，文字平夷；光背。

这是魏国圜钱中的一种。"垣"为地名，大致在今山西垣曲。圜钱是取象于玉璧或纺轮发展演化而来的一种货币形态。

【图16】

战国半两

年代： 战国
质地： 青铜
尺寸： 直径3.04厘米，孔宽0.85厘米
重量： 7.75克

圆形方孔，钱体大而厚重，通体生绿锈。面、背皆无内外郭，广穿。面文为篆书横读"半两"二字，"半"字下横笔短，"两"字上横笔短，双"人"上竖笔长；光背。

【图17】

这是战国圜钱的一种，是秦国特有的一种圜钱。据《史记•秦本纪》记载，秦惠文王二年（前336），秦国开始铸造金属铸币，这就是我们今天所见到的战国半两。由于这种钱币便于携带，在战国各种货币形态中具有一定的优势，加上秦国国势日益强盛，在秦始皇消灭六国，统一中国以后，这种钱币便取代其他金属铸币，成为主要的金属铸币，对后世货币的形制产生了深远的影响。此后直到清末，圆形方孔始终是我国金属铸币的主要形态。战国半两在我国货币史上占有十分重要的地位。

【图18】

战国半两

年代：战国晚期
质地：青铜
尺寸：直径2.76厘米，孔宽0.73厘米
重量：3.5克

圆形方孔，钱体略轻薄，通体生绿锈。面、背皆无内外郭，广穿。面文略显平坦，为篆书横读"半两"二字，"半"字下横笔短，"两"字上横笔短，双"人"上竖笔长；光背。

在先秦计量单位中，一两为二十四铢，"半两"即为十二铢，约合今10克。战国半两的法定重量是十二铢，在流通中显得比较重，故到战国晚期和秦代，出现了减重的趋势。这枚战国半两即反映了这一趋势。

第二部分

两汉至隋代的铜铁钱

　　随着秦汉统一国家的形成，"圆形方孔"成为我国古代金属铸币的统一形态，货币发展也进入了以"半两""五铢"为代表的量名钱时期。从新莽开始，量名钱体制不断受到冲击，各种不以重量命名的钱币纷纷涌现。七世纪初，随着隋王朝的崩溃，量名钱体制也结束了它的历史使命，我国货币发展进入了一个新的历史时期。

　　四川大学博物馆所藏两汉至隋代钱币，勾画出了我国货币发展的这一历程。

四铢半两

年代：西汉文景时期（前179—前141）
质地：青铜
尺寸：直径2.33厘米，孔宽0.71厘米
重量：2.90克
圆形方孔，钱体轻薄，通体呈绿色。无内外郭，广穿。面文高挺，为篆书横读"半两"二字，"半"字下横笔长，"两"字上横笔长，双"人"简化成一横笔；光背。

【图19】

　　西汉王朝建立以后，承袭秦朝的制度，在货币制度方面沿用秦代半两钱的货币名称，但鉴于"秦钱重难用"的社会现实，对半两钱制度进行了改革，对其重量进行了调整。汉高祖时放任私铸，大大减轻了钱币重量，铸造了轻似榆荚的榆荚半两，但由于重量过轻，私铸盛行，造成货币严重贬值、物价上涨，带来了比较严重的社会问题。吕后当政时又加重钱币重量，铸造了"八铢半两"，但这种钱币仍然过重，在流通中仍有缺陷。到汉文帝五年（前175），政府将钱币重量设定为四铢，这就是所谓的"四铢半两"。这枚四铢半两反映了西汉早期货币制度的变化。

传形四铢半两

年代：西汉文景时期（前179—前141）

质地：青铜

尺寸：直径2.25厘米，孔宽0.63厘米

重量：2.34克

圆形方孔，钱体轻薄，通体呈黑褐色。面、背皆无内外郭，穿略狭。面文为篆书"半两"二字，文字平夷，"半"字在穿左，下横笔长，"两"字在穿右，双"人"简化为一横笔；光背。

"传形"是钱币学专有名词，有三种情形，一是钱文左右位置变动，二是钱文位置不变但反书，三是钱文既反书又左右位置变动。这枚钱币属于第一种情形。

【图20】

有郭四铢半两

年代：西汉建元五年（前136）始铸

质地：青铜

尺寸：直径2.52厘米，孔宽0.75厘米

重量：3.20克

圆形方孔，钱体略轻薄，通体生绿锈。正面有外郭，背面无外郭，面、背皆无内郭，广穿。面文为篆书横读"半两"二字，"半"字下横笔长，"两"字上横笔长，双"人"简化成一横笔；光背。

从战国到西汉，所有的半两钱中，汉武帝时所铸的四铢半两常常具有外郭，这样不仅美观，而且对于防止剪截钱币以获取铜材用于私铸也有一定的积极意义。这一做法为后世所沿袭。

【图21】

武帝五铢

年代： 西汉元狩五年（前118）始铸
质地： 青铜
尺寸： 直径2.53厘米，孔宽0.90厘米
重量： 4.00克

圆形方孔，钱体厚重，通体生绿锈。轮廓深峻，钱文清晰。外郭窄，正面穿上有横郭，背面有狭窄的内郭，广穿。面文为篆书横读"五铢"二字，"五"字交笔略曲，"铢"字之"朱"字头方折，"金"字头呈箭镞形，四点短；光背。

【图22】

汉武帝时期，西汉早期的货币制度改革仍在进行。汉武帝鉴于四铢半两的重量仍不符合市场流通需要，先是于建元元年（前140）废除四铢半两，改行三铢钱，后又于建元五年（前136）废除三铢钱，恢复铸造四铢半两，元狩五年（前118）再度废止四铢半两，铸行五铢钱，并禁止私人和诸侯国铸造。至此，货币制度改革正式完成，五铢钱成为隋朝以前我国最主要的金属铸币。这枚武帝五铢见证了这一时期的货币改革。

【图23】

小五铢

年代： 西汉中晚期
质地： 青铜
尺寸： 直径1.27厘米，孔宽0.46厘米
重量： 0.60克

圆形方孔，钱体小而轻薄，通体呈黑褐色。外郭窄，正面无内郭，背面有狭窄的内郭，狭穿。面文为篆书横读"五铢"二字，"五"字交笔曲折，"铢"字之"朱"字头方折，"金"字头略呈三角形，四点短。

这枚五铢钱铸造工整，形制及钱文书体与西汉中晚期的五铢钱相近。有学者认为，这种小五铢是专为丧葬活动而铸造的随葬用钱，即所谓的"瘗钱"，并非流通货币，这对于了解西汉丧葬风俗具有一定的意义。

大泉五十

年代： 新莽居摄元年（6）始铸
质地： 青铜
尺寸： 直径2.14厘米，孔宽0.86厘米
重量： 1.15克

圆形方孔，钱体小而轻薄，通体呈黑褐色。内外郭均窄，广穿。面文为篆书对读"大泉五十"四字，笔画纤细，"泉"字中竖笔断开；光背。

【图24】

新莽居摄元年（6），王莽自称"假皇帝"，夺取西汉政权。为巩固政权，王莽在各个方面推行改革，货币制度方面的主要改革措施是，除继续铸造五铢钱外，新发行了大泉五十、错刀、契刀三种新币。这是王莽推行的第一次货币改革。这枚"大泉五十"就是在这个背景下铸造的。

小泉直一

年代： 新莽始建国元年（9）始铸
质地： 青铜
尺寸： 直径1.55厘米，孔宽0.51厘米
重量： 1.50克

圆形方孔，钱体小而轻薄，通体呈墨绿色。内外郭均窄，狭穿。面文为"小泉直一"四字，"泉"字中竖笔断开；光背。

公元9年，王莽正式废除西汉国号，建立新朝，史称"新莽"。王莽推行第二次货币改革，迷信谶纬之言，因为错刀、契刀和五铢钱的文字中皆含有寓意"刘"姓的卯金刀，遂废除了这三种钱币，保留了大泉五十，另外新发行了"小泉直一"钱代替五铢钱。这枚"小泉直一"钱就是王莽第二次货币改革的产物。

【图25】

大布黄千

年代： 新莽始建国二年（10）始铸
质地： 青铜
尺寸： 长5.74厘米，最宽2.35厘米
重量： 14.09克

布币形，平首，圆穿，平肩，弧腰，方足，方裆。通体生绿锈。面、背皆有窄外郭，穿有细郭。面、背自穿至裆皆有一条竖线纹。面文为篆书"大布黄千"四字，笔画纤细；光背。

【图26】

新莽始建国二年（10），王莽推行第三次货币改革，实行所谓的"宝货"制，规定货币材料有金、银、铜、龟、贝五种，货币名称有金货、银货、龟货、贝货、泉货及布货六种，货币品类有二十八品，即金货一品、银货二品、龟货四品、贝货五品、泉货六品、布货十品，这就是所谓的"五物六名二十八品"。货币名目、等级十分复杂，堪称世界奇观。由于币制严重混乱，人们在日常交易中根本不用这些新币，"宝货"制实际并未得到推行。这枚"大布黄千"钱见证了王莽这一次十分荒诞的货币改革。

货布

年代：新莽天凤元年（14）始铸
质地：青铜
尺寸：长5.85厘米，最宽处2.25厘米
重量：15.81克

布币形，平首，圆穿，平肩，方足，方裆。通体生绿锈，夹有泥土。有外郭，穿有内郭。面有篆书"货布"二字，笔画纤细；光背。

天凤元年（14），王莽推行第四次货币改革，废除第二、三次货币改革中发行的大小钱，推出"货布"和"货泉"两种新钱，同时允许大泉五十继续流通。这枚货布就是在这种情况下铸造的。

【图27】

货泉

年代：新莽天凤元年（14）始铸
质地：铁
尺寸：直径2.25厘米，孔宽0.55厘米
重量：4.05克

圆形方孔，钱体厚重，通体呈暗红色。外郭窄，正面无内郭，背面有狭窄的内郭，狭穿。面文为篆书横读"货泉"二字，"泉"字中竖笔断开；光背。

【图28】

这枚货泉也是王莽第四次货币改革的产物。此钱文字清晰，外形较为规整，可能为官方所铸。这表明王莽时期的货泉除铜钱外，还有铁钱。由于王莽的货币改革太过频繁，货币混乱，根本不符合市场流通的需要，最终都以失败告终。随着公元24年王莽所建新朝的覆灭，历次所铸造的货币大多数也退出了历史舞台，只有货泉由于与五铢钱同重同值，又暗含东汉光武帝"白水真人"龙兴谶纬之言，故在东汉初年继续流通了一段时间，直到建武十六年（40）恢复铸行五铢钱才被废止。

东汉五铢

年代： 东汉
质地： 青铜
尺寸： 直径2.61厘米，孔宽0.94厘米
重量： 2.8克

圆形方孔，钱体轻薄，通体生绿锈。外郭窄，正面无内郭，背面有狭窄的内郭，广穿。面文为篆书横读"五铢"二字，"五"字交笔曲折，"铢"字之"朱"字头弧折，"金"字头呈三角形，四点长；光背。

建武十六年（40），光武帝接受伏波将军马援的建议，恢复铸行五铢钱，彻底废止王莽所铸造的各种货币，五铢钱体制得以重新稳定下来。这枚五铢钱见证了东汉货币制度的这一历史变化。

【图29】

【图30】

四出文五铢

年代： 东汉中平三年（186）始铸
质地： 青铜
尺寸： 直径2.53厘米，孔宽0.98厘米
重量： 2.95克

圆形方孔，钱体轻薄，通体呈浅黑色，露铜色。外郭窄，正面无内郭，背面有狭窄的内郭，广穿。面文为篆书横读"五铢"二字，背穿四角各有一条直线连接于外郭。

东汉桓帝、灵帝时期，政治日益黑暗，外戚与宦官的争斗日趋激烈，阶级矛盾日益尖锐，各地不断爆发农民起义，社会陷入持续动荡之中。公元184年爆发的黄巾起义，更是严重瓦解了东汉王朝的统治基础。在这种社会情形下，不少地方出现了政治性流言。东汉灵帝中平三年（186）铸造出"四出文五铢"之后，就有"识者"说"此钱成，必四道而去"。因而，这种钱币被赋予了神秘的色彩。这枚钱币即为当时所铸，它见证了东汉晚期社会的动荡。

剪轮五铢

年代：东汉晚期
质地：青铜
尺寸：直径1.91厘米，孔宽0.81厘米
重量：2.00克

圆形方孔，钱体极小、极轻薄，通体呈黑色。剪轮，正面无内郭，背面有狭窄的内郭，广穿。钱文模糊不清，正面隐约可见"五铢"二字；光背。

【图31】

东汉晚期，政局动荡不安，社会经济也陷入了衰退之中。这种衰退体现在货币方面，就是重量减轻，綖环、对文、剪轮等外形不规整的钱币大量涌现。所谓綖环、对文，就是将一枚钱币錾成内外两个圈，分成两枚钱币，内圈为对文，外圈就是綖环；剪轮则是指将钱币的外郭部分或全部剪錾而去以获取铜材。这枚剪轮五铢就是东汉晚期钱币混乱状况的一个缩影。

直百五铢背"为"

年代：三国蜀汉
质地：青铜
尺寸：直径2.69厘米，孔宽0.91厘米
重量：8.46克

圆形方孔，钱体厚重，通体呈灰黑色。内外郭均窄，广穿。面文为篆书对读"直百五铢"四字，背文为穿左篆书"为"字。

直百五铢是三国时期蜀汉政权所铸行的一种钱币。所谓"直百"，是指一枚这样的钱币价值一百枚普通的五铢钱。部分直百五铢的背面有一"为"字，据研究，这是指钱币的铸造地点犍为郡。这是目前所知最早标注铸造地点的圆形方孔钱。

【图32】

【图33】

直百

年代：三国蜀汉
质地：青铜
尺寸：直径1.89厘米，孔宽0.69厘米
重量：1.99克

圆形方孔，钱体轻薄，通体呈黑色。内外郭均窄，广穿。面文为篆书横读"直百"二字；光背。

　　这亦是一枚蜀汉钱币。三国晚期，由于连年征战，蜀汉国势日微。这种衰微表现在钱币上，就是钱币重量日益减轻，制作愈显粗劣。这枚直百钱就是一个很好的例证，它的面值虽然为"直百"，但实际上它的大小和重量远不如一枚普通的五铢钱。它生动地反映了三国晚期蜀汉经济的衰败景象。

太平百钱

年代：三国蜀汉
质地：青铜
尺寸：直径1.92厘米，孔宽0.84厘米
重量：1.45克

圆形方孔，钱体轻薄，通体呈绿色。外郭窄，正面无内郭，背面有狭窄的内郭，广穿。面文为篆书对读"太平百钱"四字；光背。

　　这种钱币的铸造者曾经是一个谜，有东汉末年刘璋、张鲁和三国蜀汉、东吴四种说法，直到20世纪在成都市营门口一带发现三国铸钱遗址并出土"太平百钱"钱范之后，这个谜底才被彻底揭开，学术界从此得出定论，其为三国蜀汉所铸。这枚钱币反映了蜀汉政权的大钱政策，同时也见证了当时蜀汉货币的贬值情况。

【图34】

"汉兴"钱

年代：成汉汉兴年间（338—343）
质地：青铜
尺寸：直径1.72厘米，孔宽0.57厘米
重量：1.23克
圆形方孔，钱体轻薄，通体生绿锈。内外郭均窄，广穿。面文为穿上下隶书直读"漢興"二字；光背。

【图35】

公元4世纪初，经过西晋短暂的统一，中国再次陷入了比三国时期更为混乱的大分裂时期，前后涌现了十六个少数民族割据政权，今巴蜀地区巴氏人李雄所创立的成汉政权即是其中之一，汉兴钱就是该政权所铸造的一种钱币。汉兴钱在我国货币史上创造了两个第一，一是首次将隶书运用于钱文书体，二是首次将年号铸在钱币上。不仅如此，以汉兴钱为代表的五胡十六国铸币，还对西汉中期以来五铢钱制度产生了强烈的冲击，表现出了比较强烈的游离于五铢钱制度之外的倾向，赋予我国古代货币制度一些新的因素。

丰货

年代：后赵石勒元年(319)始铸
质地：铁
尺寸：直径2.40厘米，孔宽0.70厘米
重量：3.60克
圆形方孔，钱体厚重，通体呈红褐色。内外郭均窄，穿略广。面文为篆书横读"豐貨"二字；光背。

这是五胡十六国之一后赵的铸币，因钱文寓意吉祥、富有，故后世人又称之为"富钱"。

【图36】

四铢

年代：南朝刘宋元嘉七年（430）始铸
质地：青铜
尺寸：直径2.15厘米，孔宽0.88厘米
重量：2.7克

圆形方孔，钱体轻薄，通体呈墨绿色。外郭极窄，正面无内郭，背面内郭极窄，广穿。面文为横读"四铢"二字；光背。

【图37】

　　这是南朝最早铸造的一种钱币，它和下文将要介绍的永安五铢都表明，经过东晋、五胡十六国时期货币制度的混乱之后，南北朝时期又开始出现了向半两钱、五铢钱为代表的以重量名钱的量名钱体制回归的趋势。

【图38】

永安五铢

年代：北魏永安二年（529）始铸
质地：青铜
尺寸：直径2.33厘米，孔宽0.77厘米
重量：2.46克

圆形方孔，钱体轻薄，通体生绿锈。外郭略窄，内郭窄，广穿。面文为篆书对读"永安五铢"四字，"五"字与内郭相连；光背。

　　在五胡十六国时期，由于长期战乱，北方中原地区的经济遭到严重破坏，金属货币流通也基本陷入停滞状态。北魏中期，北方中原地区的社会经济逐步得到恢复和发展，金属货币的铸造重新得到重视。北魏先后铸造了太和五铢、永安五铢两种钱币。具有讽刺意味的是，"永安"寓意吉祥，但在开始铸造永安五铢五年后，北魏就分裂为东魏和西魏。不过，永安五铢的形制和钱文书体特点，都对西魏的大统五铢钱、隋朝的五铢钱产生了比较大的影响。

四川大学博物馆藏品集萃

货币卷

五行大布

年代：北周建德三年（574）始铸
质地：青铜
尺寸：直径2.67厘米，孔宽0.75厘米
重量：4.44克

圆形方孔，钱体厚重，通体呈褐色。内外郭均窄，广穿。面文为玉箸篆体对读"五行大布"四字；光背。

【图39】

北周建立以后，为整顿货币流通秩序，进行了一次货币改革，先后铸行"布泉""五行大布"和"永通万国"三种金属铸币，钱文皆为玉箸篆，铸造精美工整。这是继王莽之后所进行的又一次系统的货币改革，为唐朝创建通宝钱体制奠定了坚实的基础，在我国货币史上占有十分重要的地位。这枚五行大布就是北周货币改革的历史见证。

【图40】

隋五铢

年代：隋开皇元年（581）始铸

质地：青铜

尺寸：直径2.30厘米，孔宽0.80厘米

重量：2.30克

圆形方孔，钱体轻薄，通体呈黑色，露铜色。外郭较宽，正面无内郭，背面内郭较宽，广穿。面文为篆书横读"五铢"二字，"五"字交笔直，近穿处有一条竖线，"铢"字之"朱"字头方折，"金"字头略呈箭镞形，向内偏，四点短；光背。

公元581年，杨坚篡夺北周皇权，建立隋王朝，整顿币制，铸行新的五铢钱。这是我国历史上最后一次铸造五铢钱。从这枚五铢钱的特征来看，它与西汉武帝所铸五铢钱非常相似，同时又有新的特点，这反映出杨坚货币改革的意图是恢复西汉时期的五铢钱体制，同时又不忘烙上新王朝的印记。

第三部分

唐宋至民国的铜铁钱

历史的车轮进入唐代以后，中国金属铸币的发展进入了一个崭新的历史阶段，即通宝钱体制时期，钱币不再以重量命名，而是加入了"通宝""元宝""重宝"之类的新元素，使货币的符号化特征进一步强化，货币的发展进入了一个更高级的阶段。两宋时期，通宝钱体制进一步发展，钱币种类、文字书体呈现出多样化态势。明清时期，钱币文字逐渐固定为"通宝""重宝"等少数文字，开始普遍在钱币上标注铸造机构和地点。到清末民国时期，在西方货币制度的冲击下，随着封建王朝的灭亡，通宝钱体制崩溃，中国货币的发展进入了曲折而艰难的近代化时期。

四川大学博物馆所藏唐宋至民国钱币，清楚地反映了中国货币发展的这一过程；所藏日本、朝鲜、越南钱币，也反映了中国货币文化对亚洲诸国的深刻影响。

会昌开元通宝

年代： 唐会昌五年（845）始铸
质地： 青铜
尺寸： 直径2.38厘米，孔宽0.58厘米
重量： 2.55克
圆形方孔，钱体轻薄，通体生绿锈。外郭宽，内郭极窄，穿略广。面文为隶书对读"開元通寶"四字；背文为穿上隶书"興"字。

【图41】

公元618年，李渊建立唐朝，随即于武德四年（621）铸行开元通宝。这种钱币不再标明重量，完全脱离了原来以半两钱、五铢钱为代表的量名钱体系，标志着我国金属铸币从此进入了更高一级的发展阶段——"通宝钱体制"时期，货币的符号化特征进一步强化。所谓通宝钱体制，是因唐以后历代所铸圆形方孔钱的钱文中多有"元宝""通宝""重宝"等字样而得名。据史书记载，在唐代，开元通宝有两种读法，一是对读为"开元通宝"，二是顺时针旋读为"开通元宝"。这两种读法的存在，一方面反映了唐王朝在统一和规范钱文上所做的努力，另一方面也对后世钱文的读法产生了比较大的影响。

唐朝多个时期都曾铸造开元通宝，钱币的形制和钱文的书写都与唐高祖李渊所铸造的相近。到会昌五年（845），唐武宗在钱币背面加铸文字，以表明年号或铸造地点，这就是所谓的"会昌开元通宝"。这枚会昌开元通宝就是这种情况的反映，背文"兴"字表明它是在兴州所铸。

周元通宝

年代：五代后周显德二年（955）始铸
质地：青铜
尺寸：直径2.42厘米，孔宽0.62厘米
重量：3.71克

圆形方孔，钱体略厚重，通体呈浅黑色。外郭略宽，内郭窄，穿略广。面文为对读"周元通宝"四字；背面穿右有一条斜线。

【图42】

五代十国时期，中国再次陷入分裂割据的状态，各个割据政权纷纷发行金属铸币，货币流通再次出现混乱状况。这枚周元通宝是后周世宗所铸。周世宗是一位励精图治的君王，在位期间，曾在政治、经济、军事等多个方面进行深入改革，大大增强了后周的国力，为后来北宋王朝重新统一中国大部奠定了坚实的基础。这枚钱币制作精良，从中似乎可以看到周世宗励精图治的帝王风范。周世宗在开展经济改革时，曾销毁佛像以获取铜材来铸造周元通宝，古人据此认为这种钱币具有佛力，可以保佑人们吉祥平安，故乐意保留、收藏它，赋予它神秘的色彩。

大齐通宝

年代：五代南唐升元元年（937）
质地：铁
尺寸：直径2.30厘米，孔宽0.40厘米
重量：5.15克

圆形方孔，钱体厚重，通体呈红褐色。外郭宽，内郭窄，狭穿。面文为对读"大齊通寶"四字；光背。

五代十国时期，由于铜原料缺乏，同时为保护本国的经济利益，不少割据政权都曾经用贱金属铁来铸造钱币。这枚铁质大齐通宝就是这种情况的真实反映。"大齐通宝"曾经被误认为是唐末黄巢起义军所铸，后经众多学者考证，实为南唐开国皇帝李昇（原名徐知诰）在公元937年篡夺吴国政权、建立齐国时所铸。不久李昇自称唐皇室后裔，再改国号为"唐"，史称"南唐"。

【图43】

四川大学博物馆藏品集萃

货币卷

广政通宝

年代： 五代后蜀广政年间（938—965）
质地： 青铜
尺寸： 直径2.52厘米，孔宽0.73厘米
重量： 5.70克

圆形方孔，钱体厚重，通体呈黑色。正面内外郭均窄，背面内外郭均略宽、错位，广穿。面文为对读"廣政通寶"四字；光背。

【图44】

这是后蜀政权所铸造的一种钱币。后蜀铸钱，往往是兼铸铜钱、铁钱，共同流通。广政通宝就有铜、铁两种材质。这也为后蜀灭亡之后，北宋划定巴蜀地区为铁钱专行区提供了历史依据。

应运通宝

年代： 北宋初年
质地： 铁
尺寸： 直径2.35厘米，孔宽0.40厘米
重量： 5.20克

圆形方孔，钱体厚重，通体呈红褐色。正面外郭略宽，内郭窄，背面外郭宽，内郭略宽，狭穿。面文为旋读"應运通寶"四字；光背。

北宋太宗淳化四年（993），四川地区爆发了王小波、李顺起义。次年，起义军攻克成都，建立了"大蜀"政权，设置军政机构，任命各级官员，铸造"应运元宝"铜钱和"应运通宝"铁钱。虽然起义最终被北宋朝廷镇压，但其所铸造的钱币却有少数侥幸遗留到了后世，得以见证这段历史。

【图45】

咸平元宝

年代： 北宋咸平年间（998—1003）

质地： 青铜

尺寸： 直径2.44厘米，孔宽0.51厘米

重量： 4.50克

圆形方孔，钱体厚重，通体呈黑色。正面外郭宽，内郭窄，背面内外郭均不规则，狭穿。面文为真书旋读"咸平元寶"四字；光背。

【图46】

北宋铸钱，比较注重钱文书体，往往一种钱币有数种书体，从中可以窥见北宋书法艺术之美。这枚咸平元宝和下文将要介绍的几种钱币即可反映这一特点。

熙宁元宝

年代： 北宋熙宁年间（1068—1077）

质地： 青铜

尺寸： 直径2.35厘米，孔宽0.60厘米

重量： 4.13克

圆形方孔，钱体厚重，通体呈褐色。正面外郭略宽，内郭窄，背面内外郭均不规则，外郭宽，内郭略窄，穿略广。面文为篆书旋读"熙宁元寶"四字；光背。

【图47】

熙宁重宝

年代： 北宋熙宁年间（1068—1077）
质地： 青铜
尺寸： 直径3.18厘米，孔宽0.72厘米
重量： 7.46克

圆形方孔，钱体厚重，通体生绿锈。正面外郭宽，内郭窄，背面内外郭错位，广穿。面文为真书对读"熙宁重寶"四字；光背。

【图48】

圣宋元宝

年代： 北宋建中靖国元年（1101）
质地： 青铜
尺寸： 直径2.23厘米，孔宽0.54厘米
重量： 2.35克

圆形方孔，钱体轻薄，通体呈红褐色。外郭宽，内郭窄，穿略狭。面文为篆书旋读"聖宋元寶"四字；光背。

北宋铸钱，往往在钱文中冠以年号，但当年号字数较多，或者年号中有"元""宝"等字时，就在钱文中冠以"皇宋""圣宋""大宋"等国号。这枚圣宋元宝就是前一种情况的反映。

【图49】

图
录

37

大观通宝合背钱

年代： 北宋大观年间（1107—1110）
质地： 青铜
尺寸： 直径4.08厘米，孔宽1.13厘米
重量： 22.10克
圆形方孔，钱体大而厚重，通体呈黑褐色。合背，内外郭均窄，广穿。面文高挺，为瘦金体对读"大觀通寶"四字。

【图50】

作为政治家，宋徽宗赵佶无疑是失败的；但作为艺术家，他却获得了极大的成功，特别是他所创造的"瘦金体"书法至今为世人津津乐道。随着时光的流逝，宋徽宗的艺术作品已很难一见，从这枚钱币上我们可略窥其书法艺术的风采。

政和通宝

年代： 北宋政和年间（1111—1117）
质地： 青铜
尺寸： 直径2.91厘米，孔宽0.63厘米
重量： 7.07克
圆形方孔，钱体厚重，通体生绿锈。外郭宽，内郭窄，穿略广。面文为篆书对读"政和通寶"四字；光背。

宋徽宗即位后，先后改年号为"建中靖国""崇宁""大观""政和""重和""宣和"，希望在其治下，天下太平、政通人和，但是，此时的北宋王朝已经积重难返，不可避免地走向了衰落。这枚政和通宝隐约地反映了这种理想与现实之间的落差。

【图51】

天盛元宝

年代：西夏天盛年间（1149—1169）
质地：青铜
尺寸：直径2.37厘米，孔宽0.60厘米
重量：3.10克
圆形方孔，钱体略轻薄，通体呈浅黑色。外郭略宽，正面内郭窄，背面内郭略宽，穿略广。面文为汉文旋读"天盛元寶"四字；光背。

【图52】

公元1032年，在今宁夏、甘肃一带，元昊正式称帝，建立党项族国家"西夏"。此后，西夏与宋王朝之间虽然曾经屡次爆发战争冲突，但两国之间的交流并没有彻底中断，在政治、经济、文化诸方面，西夏都在学习和借鉴宋王朝的成熟体制。这枚天盛元宝形制与宋钱相似，钱文采用汉文，是西夏学习、借鉴宋王朝制度的实物见证。

正隆元宝

年代：金正隆年间（1156—1160）
质地：青铜
尺寸：直径2.48厘米，孔宽5.74厘米
重量：3.91克
圆形方孔，钱体略厚重，通体呈褐色。正面外郭略宽，内郭窄，背面内外郭均不规则，穿略狭。面文为汉文旋读"正隆元寶"四字；光背。

【图53】

金灭北宋王朝后，占领了北方中原地区，越来越多地接触到先进的文化和生产力，逐渐向封建社会转型，社会经济得到了比较快的发展，货币流通量日益扩大。在这种情形之下，从海陵王当政时期开始，金朝开始模仿宋朝铸行钱币。这枚正隆元宝制作精良，汉文书法秀美，不仅反映了金、宋两国之间的文化交流，而且见证了金朝模仿宋朝货币制度的历史事实。

嘉定通宝

年代： 南宋嘉定十二年（1219）
质地： 铁
尺寸： 直径2.80厘米，孔宽0.51厘米
重量： 7.20克

圆形方孔，钱体厚重，通体呈红褐色。正面外郭窄，背面外郭宽，内郭窄，穿略狭。钱文模糊，面文为对读"嘉定通寶"四字；背面穿上约略可见"十"字，穿下有"二"字。背面的"十二"两字表明它的铸造时间为嘉定十二年。

【图54】

南宋宁宗嘉定年间（1208—1224）所铸嘉定钱众多，钱文复杂，名目繁多，有嘉定通宝、元宝、崇宝、永宝、安宝、真宝、新宝、隆宝、泉宝、正宝、洪宝、万宝、之宝、珍宝、兴宝、重宝、至宝、封宝等，多达二十余种，可谓世界奇观，由此可见此时南宋货币制度混乱到了何种程度。这种混乱状况从这枚嘉定通宝以及下文将要介绍的几枚嘉定铁钱可见一斑，从中或可感受到南宋行将灭亡的时代气息。

嘉定重宝

年代： 南宋嘉定年间（1208—1224）
质地： 铁
尺寸： 直径3.50厘米，孔宽1.15厘米
重量： 11.60克

圆形方孔，钱体厚重，通体呈红褐色。正面内外郭均窄，背面内外郭均不规则，广穿。文字模糊，面文为对读"嘉定重寶"四字；背面穿上、穿下各有一字，字迹模糊。

【图55】

嘉定正宝

年代： 南宋嘉定年间（1208—1224）

质地： 铁

尺寸： 直径3.20厘米，孔宽0.80厘米

重量： 9.70克

圆形方孔，钱体厚重，通体呈红褐色。外郭宽，正面内郭窄，背面内郭略宽，广穿。面文为旋读"嘉定正寶"四字，文字模糊；光背。

【图56】

嘉定万宝

年代： 南宋嘉定年间（1208—1224）

质地： 铁

尺寸： 直径3.15厘米，孔宽0.85厘米

重量： 8.50克

圆形方孔，钱体厚重，通体呈红褐色。正面内外郭均窄，背面内外郭均不规则，广穿。钱文模糊，面文为旋读"嘉定万寶"四字，"万"字俗写；光背。

【图57】

嘉定至宝

年代：南宋嘉定年间（1208—1224）

质地：铁

尺寸：直径3.20厘米，孔宽0.80厘米

重量：8.50克

圆形方孔，钱体厚重，通体呈红褐色。外郭窄，正面内郭窄，背面内郭宽，广穿。文字模糊，面文为对读"嘉定至寶"四字；背面穿上、穿下似各有一字，模糊不辨。

【图58】

嘉定兴宝

年代：南宋嘉定年间（1208—1224）
质地：铁
尺寸：直径3.30厘米，孔宽0.89厘米
重量：8.70克
圆形方孔，钱体厚重，通体呈红褐色。内外郭均窄，广穿。文字模糊，面文为对读"嘉定兴寶"四字；背面穿上似有一字，模糊不辨。

【图59】

淳祐通宝当百

年代：南宋淳祐年间（1241—1252）
质地：青铜
尺寸：直径5.25厘米，孔宽1.20厘米
重量：27.00克
圆形方孔，钱体大而厚重，通体呈浅黑色。内外郭均窄，广穿。面文高挺，为对读"淳祐通寶"四字；背文为穿上、穿下的"当百"二字。

　　这种钱币在史书中缺乏明确记载，钱币学者根据钱币的形制特点、钱文的内容与书体特征，推断其为南宋理宗淳祐年间所铸。在考古工作中，这种大钱在今四川、重庆一带多有发现。淳祐年间正是蒙古大汗蒙哥率蒙古军队大举进攻四川，巴蜀军民激烈抵抗之时，这种大钱有可能是南宋政府为解决四川战事的经费问题而特别铸造。背文"当百"表明，它价值一百枚小钱。

【图60】

大元通宝

年代：元至大年间（1308—1311）
质地：青铜
尺寸：直径4.01厘米，孔宽1.03厘米
重量：17.50克
圆形方孔，钱体大而厚重，内外郭均窄，广穿。面文高挺，为蒙文"大元通宝"四字；光背。

元朝是我国历史上疆域最为辽阔的王朝，当时的统治者常常自豪地称他们的王朝为"大元""大朝"。这枚蒙文大元通宝钱文所反映的正是这种情况。

【图61】

至正通宝

年代：元至正年间（1341—1368）
质地：青铜
尺寸：直径2.97厘米，孔宽0.61厘米
重量：6.25克
圆形方孔，钱体厚重，通体呈黑褐色。外郭略宽，正面内郭窄，背面内郭略窄，穿略广。面文为汉文对读"至正通寶"四字；背文为穿上蒙文"卯"字。

【图62】

元朝流通货币以纸币为主，同时也铸行一定数量的铜钱，只是在数量上要比其他朝代少得多。这些铜钱除部分用于流通外，多数被用作庙宇钱和供养钱。这枚至正通宝和上文介绍的大元通宝皆制作精良，大概属于流通货币。

天定通宝

年代： 元末
质地： 青铜
尺寸： 直径2.88厘米，孔宽0.66厘米
重量： 6.55克

圆形方孔，钱体厚重，通体呈墨绿色。正面外郭略宽，内郭窄，背面内外郭均不规则，广穿。面文为对读"天定通寶"四字；光背。从大小、重量来看，可能为折二钱。

元末，各地纷纷爆发红巾军起义。徐寿辉率领南方红巾军转战于今湖北、湖南、江西、安徽、浙江一带，建立"天完"政权，铸行钱币。这枚天定通宝即徐寿辉起义军所铸。

【图63】

大中通宝折十

年代： 元末
质地： 青铜
尺寸： 直径4.57厘米，孔宽1.10厘米
重量： 24.90克

圆形方孔，钱体厚重，通体生绿锈。正面内外郭均窄，背面内外郭均略宽，广穿。面文为对读"大中通寶"四字，背文为穿上"十"字。

在元末风起云涌的农民起义中，朱元璋逐渐崛起，他实行"高筑墙，广积粮，缓称王"的战略决策，名义上奉小明王韩林儿为主，暗地里逐步扩大自己的地盘，建立稳固的根据地，铸行钱币，积聚实力。这枚"大中通宝折十"钱即是朱元璋在这种情况下所铸，反映了朱元璋势力的崛起和壮大。背文的"十"字说明，它可以抵十枚小钱。

【图64】

洪武通宝折十

年代：明洪武年间（1368—1398）

质地：青铜

尺寸：直径4.62厘米，孔宽0.95厘米

重量：32.50克

圆形方孔，钱体大而厚重，通体呈褐色。外郭宽，内郭略窄，广穿。面文高挺，为对读"洪武通寶"四字；背文为穿上"十"字，穿右"一两"二字。

朱元璋创建明朝以后，在货币制度方面，允许纸币继续流通，同时鉴于元末纸币的严重贬值，也铸行了不少钱币，钱钞兼用，以纸币为主，钱币为辅。作为历史遗留物，这枚"洪武通宝折十"钱反映了朱元璋统治时期的货币政策。

【图65】

永乐通宝

年代：明永乐年间（1403—1424）

质地：青铜

尺寸：直径2.50厘米，孔宽0.53厘米

重量：3.00克

圆形方孔，钱体略轻薄，通体呈黑褐色。外郭窄，内郭甚窄，狭穿。面文为"永樂通寶"四字；光背。

明成祖朱棣是继明太祖朱元璋之后又一位颇具雄才大略的君主，在他的统治下，明王朝消除了诸侯王分裂国家的危险，巩固了北部边防，派郑和七下西洋宣扬明王朝的国威和文化。明成祖所铸永乐通宝，虽然说不上厚重，但仍可说精良，从中我们或可感知那个时代的风范。

【图66】

万历通宝

年代: 明万历四年(1576)始铸
质地: 黄铜
尺寸: 直径2.88厘米,孔宽0.59厘米
重量: 5.45克

圆形方孔,钱体厚重,通体呈黑色。内外郭均窄,穿略广。面文为"萬暦通寶"四字,"萬"字顶上有一小穿孔,"暦"字下部及左右各有一小穿孔;光背。

这枚万历通宝上的四个小孔说明,在退出流通领域后,它曾经在某个时期被钉起来当作压胜钱使用,以求辟邪除害。之所以如此,或许是因为钱文中的"万历"二字有天地长久、历久弥新之意吧。

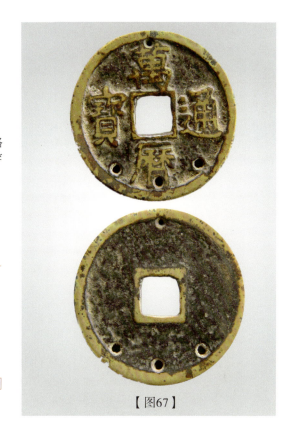

【图67】

天启通宝

年代: 明天启年间(1621—1627)
质地: 黄铜
尺寸: 直径2.46厘米,孔宽0.47厘米
重量: 2.60克

圆形方孔,钱体轻薄,通体呈黄色。外郭宽,内郭窄,狭穿。面文为"天啓通寶"四字;背文为穿下"工"字。

在我国历史上,曾有两个时期铸造过名为"天启通宝"的钱币,一是元末徐寿辉起义军所铸,一是明熹宗天启年间所铸。前者外郭窄,后者外郭宽。从形制上看,四川大学博物馆所藏这枚天启通宝应该为明熹宗天启年间所铸。背文"工"字,表明它是工部所铸,这对于清代在钱币上标明铸钱局的做法产生了一定的影响。

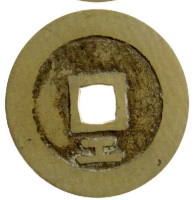

【图68】

永昌通宝

年代： 明末
质地： 黄铜
尺寸： 直径2.52厘米，孔宽0.51厘米
重量： 3.31克

圆形方孔，钱体略厚重，通体呈黄色。外郭宽，正面内郭窄，背面内郭略宽，穿略广。面文为对读"永昌通寶"四字；光背。

【图69】

明末，山西、陕西等地爆发农民起义，起义军队伍不断壮大，逐渐形成李自成、张献忠两大主力。李自成起义军于1644年正月在西安建立大顺国，定年号为"永昌"，铸永昌通宝。虽然后来这支起义军在清军的镇压下最终失败，但作为大顺政权的经济成果，永昌通宝却得以留存至今，让后人能够从中遥想当时的烽火岁月。

【图70】

大顺通宝

年代：明末
质地：黄铜
尺寸：直径2.76厘米，孔宽0.60厘米
重量：4.90克

圆形方孔，钱体大而厚重。外郭宽，内郭窄，穿略广。面文为"大顺通寶"四字；背文为穿下"工"字。

公元1643年五月，张献忠率军攻占武昌，自称"大西王"，初步建立政权。次年正月率军入蜀，相继攻占重庆、成都等战略要地。十一月，在成都称帝，正式建国，国号"大西"，年号"大顺"。大顺通宝就是这一时期铸造的。背面的"工"字意指工部，与上文提及的天启通宝类似，这说明大西政权的货币制度受到了明朝货币制度的影响。

永历通宝

年代：南明永历年间（1647—1661）
质地：黄铜
尺寸：直径2.43厘米，孔宽0.56厘米
重量：3.90克

圆形方孔，钱体略小、略厚重，通体呈浅黄色。正面外郭窄，背面外郭宽，内郭窄，穿略广。面文为楷书"永曆通寶"四字，背文为穿上楷书"户"字。

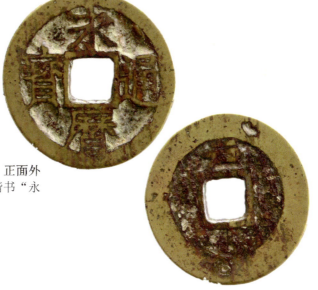

【图71】

　　1644年明朝灭亡以后，明朝在南方地区的藩王福王、鲁王、唐王和桂王相继建立政权，试图恢复明王朝的江山社稷，史称这些明朝残余政权为"南明"。在南明各个政权中，桂王所建立的永历政权坚持得最久，直至清顺治十八年（1661）方才覆灭。这枚永历通宝是永历政权所铸，是南明政权抗清斗争的历史见证。

篆体永历通宝

年代： 南明永历五年（1651）始铸
质地： 黄铜
尺寸： 直径2.78厘米，孔宽0.62厘米
重量： 5.15克

圆形方孔，钱体厚重，通体呈浅黑色。正面外郭宽，背面外郭甚宽，正面内郭窄，背面内郭宽，广穿。面文为篆书"永曆通寶"四字；光背。

【图72】

　　郑成功是清初著名的"反清复明"人士，先奉唐王为主，后奉桂王为尊，遵从桂王年号。为加强所控制区域的经济建设，促进贸易流通，亦为了向永历政权表达拥护之意，从永历五年（1651）起，郑成功开始铸造永历通宝。桂王与郑成功所铸永历通宝的区别主要体现在钱文书体上，桂王所铸永历通宝的钱文皆为楷书，而郑成功所铸永历通宝的钱文则分篆书和行书两种。从钱文书体看，这枚篆体永历通宝显然是郑成功所铸，见证了郑成功抗清乃至收复台湾的历史。

天命通宝

年代： 后金天命年间（1616—1626）

质地： 黄铜

尺寸： 直径2.65厘米，孔宽0.52厘米

重量： 5.45克

圆形方孔，钱体厚重，通体呈黄色。外郭宽，内郭窄，穿略狭。面文为满文"天命通宝"四字；光背。

明末，通过一系列征伐，努尔哈赤逐步完成统一东北女真各部的大业，并于1616年被尊为"英明汗"，建元天命，开始建立政权，与明王朝分庭对抗。这一政权数年后被正式定名为"后金"，皇太极继位后再改国号为"清"。在我国古代，钱币被视作"国之重宝"，在一定程度上是皇权的象征。努尔哈赤初建政权后即铸行天命通宝，实是借此向天下表明他对抗明王朝的决心和雄心。

【图73】

顺治通宝

年代： 清顺治年间（1644—1661）
质地： 黄铜
尺寸： 直径2.74厘米，孔宽0.55厘米
重量： 3.95克

圆形方孔，钱体厚重，通体呈黄色。外郭宽，正面内郭窄，背面内郭略窄，穿略
狭。面文为对读"顺治通寶"四字；背文为穿左右满文"寶泉"二字。

【图74】

公元1644年，在吴三桂的引领下，清军大举入关，定鼎中原，将都城迁移至北京，清世祖在北京登基，
定年号为顺治。清朝借鉴和发展了明朝的货币制度，铸行了入关以后的第一种钱币顺治通宝，并在钱币的背
面开始普遍标明铸钱局名号。四川大学博物馆所藏这枚顺治通宝，既见证了清初的这段历史，又反映了清朝
货币制度对明朝货币制度的借鉴和发展。背文表明，它是户部宝泉局所铸。

康熙通宝

年代： 清康熙年间（1662—1722）

质地： 黄铜

尺寸： 直径2.71厘米，孔宽0.52厘米

重量： 4.20克

圆形方孔，钱体厚重，通体呈浅黑色。外郭宽，内郭窄，狭穿。面文为对读"康熙通寶"四字；背文为穿右汉文"臨"字，穿左满文"臨"字。

【图75】

从这枚钱币和下文将要介绍的另一枚康熙通宝的背文来看，在标明铸钱局方面，这种钱币沿袭了顺治通宝的一些做法。不过，综合整个康熙通宝的情况来看，与顺治通宝相比还是有所不同。顺治通宝标明铸钱局的方式有全汉文、满汉文和全满文三种，而康熙通宝则只有后两种。背文表明，这枚钱币为山东临清局铸造。

康熙通宝

年代： 清康熙年间（1662—1722）

质地： 黄铜

尺寸： 直径2.29厘米，孔宽0.52厘米

重量： 3.00克

圆形方孔，钱体厚重，通体呈黄色。外郭宽，内郭窄，狭穿。面文为对读"康熙通寶"四字；背文为穿左右满文"寶源"二字。

背文表明，这枚钱币为工部宝源局所铸。

【图76】

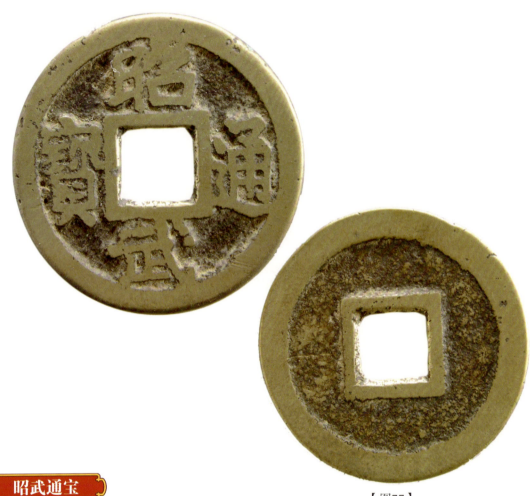

【图77】

昭武通宝

年代： 吴三桂昭武元年（1678）
质地： 黄铜
尺寸： 直径2.45厘米，孔宽0.60厘米
重量： 3.40克

圆形方孔，钱体略轻薄，通体呈黄色。正面外郭窄，背面外郭略宽，内郭窄，广穿。面文为"昭武通寶"四字；光背。

清康熙十二年（1673），割据云南的平西王吴三桂发动叛乱，并于1678年称帝，建立大周政权，定年号为昭武。这枚昭武通宝就是吴三桂称帝时所铸，是其发动叛乱、分裂国家的历史见证。

裕民通宝

年代： 耿精忠裕民年间（1674—1676）
质地： 黄铜
尺寸： 直径2.62厘米，孔宽0.58厘米
重量： 3.40克

圆形方孔，钱体略大、略轻薄，通体呈浅黄色。正面外郭略窄，背面外郭宽，内郭窄，穿略广。面文为"裕民通寶"四字；光背。

清康熙十三年（1674），清靖南王耿精忠据闽中叛乱，建元裕民，起兵响应吴三桂。这枚裕民通宝即耿精忠叛乱期间所铸，亦是清康熙年间三藩之乱的历史见证。

【图78】

雍正通宝

年代： 清雍正年间（1723—1735）
质地： 黄铜
尺寸： 直径2.51厘米，孔宽0.50厘米
重量： 3.85克

圆形方孔，钱体略厚重，通体呈深黄色。外郭宽，内郭窄，狭穿。面文为对读"雍正通寶"四字；背文为穿左右满文"寶泉"二字。

清世宗铸行雍正通宝，在钱币的背面标明铸钱局的方式进一步简化，仅采用全满文一种方式。这枚雍正通宝即是如此。雍正以后，这种方式基本为清朝历代帝王所沿用，直至清朝灭亡。

【图79】

乾隆通宝

年代： 清乾隆年间（1736—1795）
质地： 黄铜
尺寸： 直径2.39厘米，孔宽0.51厘米
重量： 4.40克

圆形方孔，钱体厚重，通体呈暗黄色。外郭宽，内郭窄，狭穿。面文为对读"乾隆通寶"四字；背文为穿左右满文"寶泉"二字。

【图80】

清高宗铸行乾隆通宝，在标明铸钱局方面，既继承了清世宗的做法，又有所发展，即内地铸钱采用满文，新疆铸钱则采用回文。这一做法又为其后世帝王所沿用。这枚钱币和下面将要介绍的另一枚乾隆通宝所反映的就是这两种方式。

【图81】

乾隆通宝

年代： 清乾隆年间（1736—1795）
质地： 红铜
尺寸： 直径2.44厘米，孔宽0.49厘米
重量： 6.30克

圆形方孔，钱体厚重，通体呈红褐色。外郭宽，内郭窄，狭穿。面文为"乾隆通寶"四字，"通"字之"甬"缺少最后一横笔；背文为回文"叶尔奇木"。

清乾隆二十年（1755），清政府先后平定蒙古准噶尔部达瓦奇和阿睦尔撒纳的叛乱。乾隆二十三年（1758），又平定回部大小和卓叛乱，完成对新疆的统一，建立各级行政组织和机构。为发展该地区的经济，又仿照内地铸行乾隆通宝。新疆地区的乾隆通宝，除了标明铸钱局所采用的文字为回文外，材质也不同于内地——不是黄铜，而是红铜。这枚乾隆通宝即是如此。背文表明，此钱为新疆叶尔奇木局所铸。

嘉庆通宝

年代：清嘉庆年间（1796—1820）
质地：黄铜
尺寸：直径2.43厘米，孔宽0.57厘米
重量：3.95克

圆形方孔，钱体略重，通体呈暗黄色。外郭宽，内郭窄，穿略狭。面文为对读"嘉庆通宝"；背文为穿左右满文"宝川"二字。

【图82】

历经康雍乾盛世，到嘉庆时期，清王朝虽然还勉强维持着其强盛的外表，实则已开始走向衰微，内忧不断，湖南、湖北、四川、贵州甚至京畿一带先后爆发农民起义。这种政治状况表现在钱币铸造上，就是重量减轻，文字书写不如以前规整、清晰。这枚嘉庆通宝就是一个很好的例证。背文说明，此为四川宝川局所铸。

咸丰通宝

年代：清咸丰年间（1851—1861）
质地：黄铜
尺寸：直径2.56厘米，孔宽0.50厘米
重量：4.45克
圆形方孔，钱体小而厚重，通体呈黑色。外郭不规则，内郭窄，狭穿。面文为"咸豐通寶"四字；背文为穿左右满文"宝雲"二字。

　　背文表明，此钱是云南宝云局所铸。咸丰年间，清王朝面临重重危机，外有西方列强的步步紧逼，内有日益壮大的太平天国运动，国库日益空虚，财政危机加剧。为解决财政危机，清政府所采取的措施不是积极发展经济，而是滥发货币，不仅铸行铜质小钱，而且发行大面值的铜铁钱和纸币。这枚咸丰通宝和下文将要介绍的咸丰重宝、咸丰元宝，就是清朝这一荒诞货币政策的产物，见证了这个时期货币流通的混乱状况。

【图83】

咸丰重宝当五

年代：清咸丰年间（1851—1861）
质地：黄铜
尺寸：直径2.63厘米，孔宽0.64厘米
重量：8.15克
圆形方孔，钱体略大略厚重，通体呈黑褐色。外郭略宽，内郭窄，穿略广。面文为"咸豐重寶"四字；背文为穿上下汉文"當五"二字，穿左右满文"寶巩"二字。

【图84】

　　背文表明，此钱为甘肃宝巩局所铸，价值五枚小钱。

四川大学博物馆藏品集萃

货币卷

咸丰重宝当八

年代： 清咸丰年间（1851—1861）
质地： 黄铜
尺寸： 直径2.63厘米，孔宽0.55厘米
重量： 5.95克

圆形方孔，钱体厚重，通体呈黑色。外郭略宽，内郭窄，狭穿。面文为对读"咸豐重寶"四字；背文为穿左右满文"寶直"二字，穿上下汉文"當八"二字。

背文说明，此钱为直隶宝直局所铸，价值八枚小钱。

【图85】

咸丰重宝当十

年代： 清咸丰年间（1851—1861）
质地： 黄铜
尺寸： 直径3.99厘米，孔宽0.68厘米
重量： 21.5克

圆形方孔，钱体较大较厚重，通体呈黄色。外郭宽，上有数圈划纹，内郭窄，穿略广。面文为"咸豐重寶"四字；背文为穿上下汉文"當十"二字，穿左右满文"寶桂"二字。

背文表明，此钱为广西宝桂局所铸，价值十枚小钱。

【图86】

咸丰重宝当二十

年代：清咸丰年间（1851—1861）
质地：黄铜
尺寸：直径3.64厘米，孔宽0.50厘米
重量：20.80克

圆形方孔，钱体大而厚重，通体略呈黑色。外郭较宽，内郭极窄，狭穿。面文为"咸豐重寶"四字；背文为穿上下汉文"當二十"三字，穿左右满文"寶泉"二字。

背文表明，此钱为户部宝泉局所铸，价值二十枚小钱。

【图87】

咸丰重宝当五十

年代：清咸丰年间（1851—1861）
质地：黄铜
尺寸：直径5.40厘米，孔宽1.07厘米
重量：42.05克

圆形方孔，钱体大而厚重，通体呈黄色。外郭宽，上有少量划纹，内郭窄，广穿。面文为"咸豐重寶"四字；背文为穿上下汉文"當五十"三字，穿左右满文"寶蘇"二字。

背文表明，此钱为江苏宝苏局所铸，价值五十枚小钱。

【图88】

咸丰重宝当百

年代： 清咸丰年间（1851—1861）

质地： 黄铜

尺寸： 直径6.86厘米，孔宽1.04厘米

重量： 193.50克

圆形方孔，钱体极大极厚重，通体呈黄褐色。轮廓深峻，外郭极宽，内郭略窄，穿极广。钱文高挺，面文为"咸豐重寶"四字；背文为穿上下汉文"當百"二字，穿左满文"浙"字，穿右汉文"浙"字。

背文表明，此钱为浙江宝浙局所铸，价值一百枚小钱。

【图89】

咸丰元宝当百

年代： 清咸丰年间（1851—1861）

质地： 黄铜

尺寸： 直径5.66厘米，孔宽0.86厘米

重量： 62.00克

圆形方孔，钱体大而厚重，通体呈黑色，微露黄色。外郭极宽，内郭略窄，广穿。面文为"咸豐元寶"四字；背文为穿上下汉文"當百"二字，穿左右满文"寶蘇"二字。

背文表明，此钱为江苏宝苏局所铸，价值一百枚小钱。

【图90】

咸丰元宝当五百

年代：清咸丰年间（1851—1861）
质地：黄铜
尺寸：直径5.57厘米，孔宽0.77厘米
重量：63.50克

圆形方孔，钱体大而厚重，通体呈黄褐色。外郭宽，内郭略窄，广穿。面文为"咸豐元寶"四字；背文为穿上下汉文"當五百"三字，穿左右满文"寶泉"二字。

背文表明，此钱为户部宝泉局所铸，价值五百枚小钱。

【图91】

咸丰元宝当千

年代：清咸丰年间（1851—1861）
质地：黄铜
尺寸：直径6.21厘米，孔宽1.01厘米
重量：60.24克

圆形方孔，钱体厚重，通体呈黄色。外郭较宽，内郭略窄，广穿。面文为对读"咸豐元寶"；背文为穿上下汉文"當千"二字，穿左右满文"寶巩"二字。

背文表明，此钱为甘肃宝巩局所铸，价值一千枚小钱。

【图92】

同治通宝

年代： 清同治年间（1862—1874）

质地： 黄铜

尺寸： 直径2.23厘米，孔宽0.56厘米

重量： 2.89克

圆形方孔，钱体略轻薄，通体呈黄色。正面外郭宽，背面外郭较宽，内郭窄，狭穿。面文为对读"同治通寶"四字；背文为穿左右满文"寶浙"二字。

【图93】

背文表明，此钱为浙江宝浙局所铸。

清同治年间，南方的太平天国运动和北方的捻军起义相继失败后，政治上出现了一个相对稳定时期，时人称之为"同治中兴"，以为清王朝已经重获新生，重振国威指日可待。事实上，清王朝腐朽依旧，西方列强仍在加快对中国的侵略步伐，大清帝国仍在继续坠向衰亡的深渊，这种所谓的"中兴"只不过说明其仍在做最后的垂死挣扎。这种挣扎，我们或许从这枚钱币上有所感受：同治政府一方面尽量规范钱币的形制，使其看起来较为规整，从而试图挽救咸丰年间日益丧失的国家货币信用；另一方面却又不断地减轻钱币的重量，无形之中使其贬值，破坏国家货币信用。

【图94】

光绪通宝

年代：清光绪年间（1875—1908）

质地：黄铜

尺寸：直径2.32厘米，孔宽0.48厘米

重量：4.00克

圆形方孔，钱体厚重，通体呈浅黄色。外郭宽，内郭略窄，穿狭。面文为对读"光绪通宝"四字；背文为穿左右满文"宝川"二字，穿下有一篆书汉文"川"字。

背面满文表明，此钱为四川宝川局所铸。背面穿下的篆书"川"字耐人寻味，它到底是在表明这枚钱币是四川宝川局铸造的，还是指铸造者希望所铸钱币能够顺利流通，如川流一样毫无障碍呢？这是一个谜，有待今后的深入研究。

（机制）光绪通宝

年代：清光绪年间（1875—1908）

质地：黄铜

尺寸：直径2.38厘米，孔宽0.58厘米

重量：2.05克

圆形方孔，钱体轻薄，通体呈暗红色。机制。内外郭均窄，穿略狭。面文为对读"光绪通寶"四字；背文为穿左右满文"寶廣"二字。

【图95】

　　背文表明，此钱为广东宝广局所铸。此钱系采用机器冲压技术制作而成，这是西方传统的金属铸币技术，并非我国原有的金属铸币制作传统。西方货币早在南北朝时期就已传入我国，但并未对我国的金属铸币的制作和货币制度产生影响，直到鸦片战争以来，西方列强凭借坚船利炮打开清王朝的国门，西方的货币制度和货币制作方式才对我国的货币体系产生了强烈的冲击。这枚钱币和下面将要介绍的宣统通宝所反映的就是这种历史情况。广东地处东南沿海，是我国较早受到西方列强侵略和影响的地区，所以这个地方较早产生了具有西方货币体系因素的金属铸币。

（机制）宣统通宝

年代： 清宣统年间（1909—1911）
质地： 黄铜
尺寸： 直径1.67厘米，孔径0.38厘米
重量： 1.20克

圆形圆孔，钱体极小而轻薄，通体呈黑红色。机制。内外郭均极窄，穿极狭，圆穿的内郭呈方形。面文为"宣统通寶"四字；背文为穿左右满文"寶廣"二字。

【图96】

背文表明，此钱为广东宝广局所铸。从这枚钱币和上面的（机制）光绪通宝来看，它们有两个共同特征，一是在制作上都采用了西方金属铸币技术——机器冲压技术，二是在形制上都试图保留中国封建社会固有的圆形方穿的金属铸币形状。这反映出晚清社会在守旧与革新之间摇摆不定，是当时"中学为体，西学为用"的社会思潮在钱币上的体现，同时也揭示了近代中国半封建半殖民地的性质。

年代： 太平天国时期（1851—1864）

质地： 黄铜

尺寸： 直径2.35厘米，孔宽0.65厘米

重量： 4.00克

圆形方孔，钱体较厚重，通体呈浅黄色。外郭略宽，内郭窄，广穿。面文为"太平天国"四字，"国"字的"玉"作"王"形；背文为直读"圣寶"二字。

【图97】

1851年1月11日，洪秀全在广西金田村宣布起义，建立"太平天国"，掀起了晚清历史上最大规模的农民起义"太平天国运动"。1853年3月，起义军攻占南京，并以此为都城正式建立与清王朝对峙的政权。1864年，这次起义被清王朝镇压下去。太平天国运动虽然失败了，但给我们留下了丰厚的历史文化遗产。这枚太平天国圣宝就是太平天国所铸。在所有太平天国钱币中，"国"字皆为简写字，且将"玉"写作"王"，反映了太平天国意图创建一个不同于清朝、不同于以往的新世界的雄心壮志。

图录

民国通宝当十

年代：民国初年
质地：黄铜
尺寸：直径2.83厘米，孔宽0.59厘米
重量：5.70克
圆形方孔，钱体厚重，通体呈黄色。外郭宽，正面内郭窄，背面内郭略宽，穿略广。面文为对读"民國通寶"四字；背文为穿上下"當十"二字。

【图98】

　　这枚钱币据说是在成都铸造的。1911年，随着辛亥革命的炮火在武昌打响，曾经不可一世的清王朝土崩瓦解，在中国存在了两千多年的封建帝制结束了它的历史使命，曾经伴随封建王朝始终的圆形方孔钱也逐渐退出了历史舞台。虽然如此，毕竟这种形状的钱币曾经长期流通，出于流通习惯考虑，天津、云南、福建、甘肃、四川等地仍继续铸行了少量的圆形方孔钱币。这枚民国通宝当十，就是在这种背景下铸造的。从这枚钱币中，我们或许可以体会到封建残余的真切含义。

日本宽永通宝

年代：日本后水尾天皇宽永二年（1625）始铸
质地：黄铜
尺寸：直径2.25厘米，孔宽0.63厘米
重量：2.35克
圆形方孔，钱体轻薄，通体呈褐色。外郭宽，内郭窄，穿略广。面文为汉文对读"寬永通寶"四字；背面穿上有汉字"元"。

【图99】

　　在古代，朝鲜、日本、越南、琉球（今日本冲绳）等国家深受中国的影响，铸行形制与中国铜钱相同的钱币，铭文也采用汉文，有时甚至借用中国中央王朝的年号来铸钱，与中国一道构建了以中国为核心的东方古代货币体系。这枚钱币和下面两枚钱币就是这种历史情况的实证。
　　日本铸行圆形方孔钱币，大概是从元明天皇和铜元年（708）开始的，此后一直延续到19世纪晚期。从唐朝开始，就不断有日本钱币进入中国市场流通。在所有流入中国市场的日本古钱中，以宽永通宝数量最大，最为常见。

朝鲜常平通宝

年代： 朝鲜肃宗四年（1678）始铸
质地： 黄铜
尺寸： 直径3.20厘米，孔宽0.80厘米
重量： 5.40克

圆形方孔，钱体略厚重。外郭宽，内郭窄，广穿。面文为汉文"常平通寶"四字；背文为穿上汉文"賑"字，穿下汉文"二"字，穿左有一月亮形纹饰。

　　朝鲜铸造圆形方孔钱的时间略晚于日本，大概是从高丽成宗十五年（995）开始，一直延续到18、19世纪。朝鲜古钱也有不少进入我国流通市场，其中以常平通宝数量最大，最为常见。

【图100】

【图101】

越南景盛通宝

年代： 越南西山朝景盛年间（1793—1801）
质地： 黄铜
尺寸： 直径2.37厘米，孔宽0.56厘米
重量： 1.20克

圆形方孔，钱体轻薄，通体呈黄色。外郭宽，内郭窄，穿略狭。面文为汉文对读"景盛通寶"四字；光背。

　　越南模仿中国铸造圆形方孔钱，大概是从丁朝太平年间（968—980）开始，一直延续到阮朝启定年间（1916—1925）越南完全沦为法国殖民地。越南古钱更是不断地进入中国货币流通市场，特别是西山阮朝文惠光中年间（1788—1792）所铸光中通宝和景盛通宝大量涌入晚清时期的货币流通市场。因其体型小、重量轻、制作粗劣，严重扰乱了中国货币流通市场秩序。这枚景盛通宝可谓十分生动的历史见证。

第四部分

纸币

　　北宋中期，随着社会商业活动的繁荣发展，金属铸币逐渐不能满足商品交易日益增长的货币需求，纸币这一崭新的货币形态便在四川成都一带应运而生，并逐渐推广到全国许多地方，且为随后的金、元、明、清四代所沿袭。我国古代纸币有很大的天然不足，在流通中带有很深的铜钱制度烙印，往往与铜钱并行，在面额上也常常标明与铜钱的关系。除金、元、明三代纸币为不可兑换外，其余时期皆为可兑换纸币。在发行上，制度相当不完善，往往不能根据流通市场的变化确定较为合适的发行数量，随意性较大，常常造成纸币的严重贬值。到清末民国时期，在西方纸币制度的冲击和影响下，我国纸币的发行逐步规范，逐渐统一为不可兑换的纸币。

　　四川大学博物馆所藏历代纸币，大致勾勒出了我国纸币的这一发展变化轨迹。

大明通行宝钞壹贯

年代： 明
质地： 纸
尺寸： 长33.70厘米，宽22.10厘米

长方形，竖式。通体呈灰黑色。正面有龙纹边栏，边栏顶端有"大明通行寶鈔"六字。边栏内又分为上下两部分，上部中间有"壹贯"二字，其下为钱串纹，其右为篆书纵读"大明寶鈔"四字，其左为篆书纵读"天下通行"四字；下部纵书七行文字，具体内容为："户部/奏準印造/大明寶鈔，與铜錢通行/使用，偽造者斬，告捕/者賞銀貳佰伍拾两，/仍給犯人財産。/洪武年月日。"正面中部有二红色印文。背面上部正中亦有一红色印文，下部有一方框，框内有"壹贯"二字及钱串纹等。

　　我国古代纸币最早产生于北宋中期的四川地区。两宋纸币为可兑换纸币，北宋时主要流通于四川地区，南宋时则几乎全境流通；金朝纸币为不兑换纸币，但经常变更纸币名称；元朝继承和完善了宋、金两朝的纸币发行制度，使之发展为相当完善的纯纸币制度。这一制度为明清两代所沿袭。明代纸币最早在洪武年间发行，到明代中期，因严重贬值，纸币最终停用。四川大学博物馆所藏这张明代纸币，属于户部奏准印制的钞票，是面值最大的一种纸币。

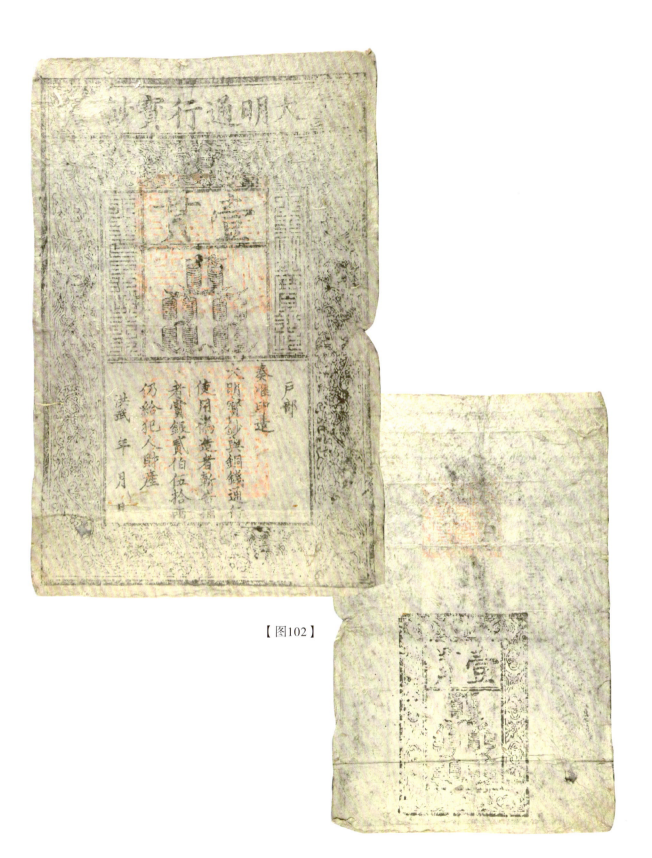

【图102】

年代：清咸丰四年（1854）

质地：纸

尺寸：长21.60厘米，宽11.80厘米

长方形，竖式。正面呈蓝色，背面呈黑色。正面分为内外两区，外区上部有横读"大清寶鈔"四字和双龙图，左右两侧为云气纹，云气纹中分别有"天下通行"和"平准出入"字样；下部为水波纹。内区又分为上下两部分。上部从右至左有文字三行，分别为"谷字第六千二十五號"，面值"準足制錢壹千文"和"咸豐肆年制"。面值处盖有满、汉文"大清寶鈔之印"红色方形印，"咸豐"处盖有一黑色条形印，印文为篆书"源远流长"四字。下部有纵读文字九行，具体内容为："此鈔即代制/錢行用，并準/按成交納地/丁錢糧一切/稅課捐項，京/外各庫一律/收解，每錢鈔/貳千文抵換/官票銀壹兩。"背面有墨书和印章等，可能与该钞的使用或流传、收藏有关。

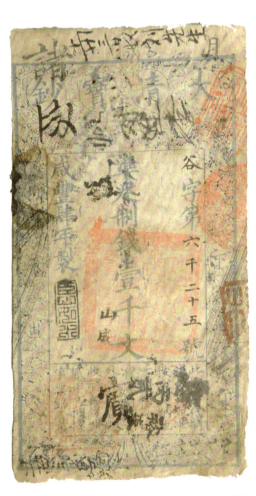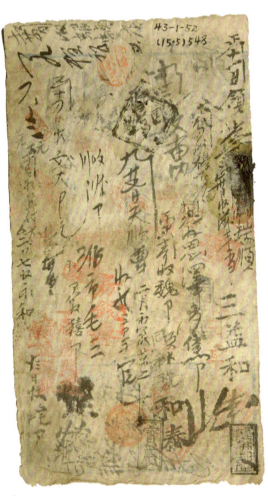

【图103】

清咸丰年间，南方地区爆发了太平天国运动，清王朝的国库日益空虚。为解决日益严重的财政危机，清王朝除了铸行各种币值的铜、铁钱外，还有就是发行大面额的纸币"大清宝钞"和"户部官票"。这张"大清宝钞壹千文"纸币和下文将要介绍的"大清宝钞贰千文"纸币，就是这一时期货币政策的历史遗留物。

大清宝钞贰千文

年代： 清咸丰九年（1859）

质地： 纸

尺寸： 长23.50厘米，宽13.10厘米

长方形，竖式。正面呈蓝色。正面分为内外两区。外区上部有双龙图及"大清寶鈔"四字，左右两侧为云气纹；下部为水波纹。内区又分为上下两部分，上部有纵读文字三行，分别为"嫡字第四千七百二十一號"、面值"準足制錢貳千文"和"咸豐玖年"，面值处盖有满、汉文"大清寶鈔之印"红色方形印，"咸豐"处盖有一黑色条形印，印文为篆书"源遠流長"四字；下部为发行说明文字，文字模糊。右侧边缘盖有一红色圆形骑缝印。背面有一竖行墨书押文。

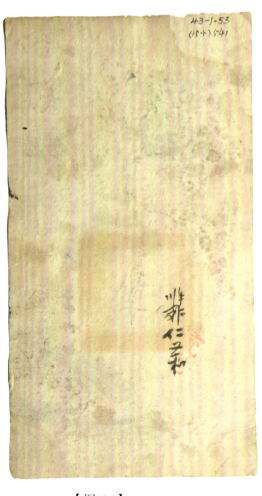

【图104】

交通银行壹圆

年代: 清宣统元年(1909)

质地: 纸

尺寸: 长13.1厘米,宽7.7厘米

长方形,横式。正面呈灰褐色,边缘有"壹"字构成的边栏,边栏内上部有大清龙旗纹,中部有双龙图以及"交通银行""永远通用银圆""凭票即付""不挂失票"等文字,下部有"汕头支付"和"广东"等文字。背面呈绿色,边缘有曲线纹构成的边栏,边栏内上部有英文行名"GENERAL BANK OF COMMUNICATIONS"和地名"CANTON",中部有英文面值"1 DOLLAR"及轮船、马车、火车、街道等图,下部有英文发行说明等。

【图105】

第一次鸦片战争后,随着各通商口岸的开放,外国资本侵入中国,外国银行纷纷涌入,发行纸币,垄断了中国的国际金融市场,严重损害了中国的国家利益。为应对这一局面,在一些有识之士的呼吁下,从光绪年间开始,朝廷陆续创办了一些官办银行和官商合办银行。银行的创办,标志着中国纸币从发行到管理都开始转向近现代化,西式纸币制度开始在中国生根发芽,中国古代纸币的历史正式终结。交通银行成立于光绪三十三年(1907),由当时的邮传部尚书陈璧奏准建立,是一家官商合办的银行。该行发行的纸币版式较多,四川大学博物馆所藏这张壹圆券属于第一版银圆票,主要在广东汕头一带流通。

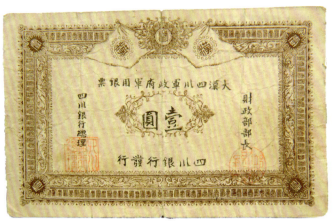

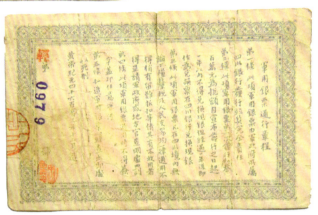

【图106】

大汉四川军政府军用银票壹圆

年代: 清宣统三年(1911)

质地: 纸

尺寸: 长12.60厘米,宽7.90厘米

长方形,横式。正面呈黄褐色。边缘有"壹"字构成的边栏,边栏内上部有"漢"字双旗,中部有"大漢四川军政府軍用銀票"、面值"壹圓"等文字,下部有"四川銀行發行"六字。背面呈蓝色,边缘有花朵构成的边栏,边栏内有文字十六行:"軍用銀票通行章程:/弟一條,此項軍用銀票由軍政府所屬/四川銀行發行並負完全責任。/弟二條,此項軍用銀票弟一次發行以叁/百萬元為總額,自宣布發行之日起,/一年以内不得兑换現銀,但經過一年後,即/作為兑换票在四川銀行兑换現銀。/弟三條,此項軍用銀票凡在四川境内,無/論丁粮釐税及人民交易,均一律通用,不/得稍有留難、抵扣等情。其有不收用者,/得呈请軍政府或地方官查明處罰。/弟四條,此項軍用銀票通用時,不得簽/字、盖印,任意塗污。/弟五條,私造軍用銀票,一經查出,即處/以死刑。/黄帝紀元四千六百有九年十二月造。"左侧钤有圆形红色篆书印及骑缝印各一枚。

1911年9月,为抗议清王朝对参与四川保路运动的爱国人士的血腥屠杀,挽救国家危亡,四川保路同志会发动武装起义,推翻了清王朝在四川的地方行政机构,在成都建立了大汉四川军政府,宣布四川脱离清王朝而独立。为筹集军费,加强军备,发展经济,巩固革命的胜利果实,大汉四川军政府通过四川银行发行了大汉四川军政府军用银票。四川大学博物馆所藏这张纸币就是当时的历史遗留物,见证了当年四川人民轰轰烈烈的保路革命运动。

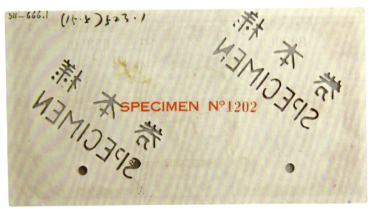

【图107】

交通银行样本券壹圆

年代：民国三年（1914）

质地：纸

尺寸：长15.10厘米，宽8.10厘米

长方形，横式。正面呈蓝紫色，背面呈白色。正面有边栏，边栏内，上部有横读"交通银行"四字及横读"中華民國三年印"七个小字；中部正中有火车行驶图，图左右皆有一团花图案，团花图案内皆有纵读"壹圓"二字，火车图下有横读"财政部核定"五字；下部有纵读"憑票即付中華民國國幣壹元正"十三字。边栏底边外有英文"AMERICAN BANK NOTE COMPANY, NEW YORK"，四角皆有一团花图案，团花图案内皆有"壹"字。币面正中有墨书"样本券"三字，其左右皆剪凿有"样本券"三字和英文"SPECIMEN"。背面正中印有红色墨书英文"SPECIMEN No.1202"。

　　辛亥革命后，作为清政府创办的一家官商合办银行，交通银行得以保留，继续营业，一直发展延续至今，是我国历史最为悠久的银行之一。这张纸币即是该行早年历史的一个见证。从这张纸币中我们可以得知，在民国早期，交通银行已转由北洋政府控制，成为国家银行；同时，我国纸币的发行已有样本制度。

殖边银行兑换券壹圆

年代: 民国三年 (1914)

质地: 纸

尺寸: 长15.50厘米, 宽8.60厘米

长方形, 横式。面、背皆呈绿色, 皆有边栏。正面边栏内, 上部有"殖邊銀行兑换券"七字; 中部中间有垦荒图, 其左右两侧各有一团花图案, 团花图案内皆有数字"1"; 下部有横读"中華民國三年"六字及篆书"殖边银行"和"总裁之印"两个红色印文。边栏左右两边内皆有"成都"二字, 底边外有"财政部印刷局製"七个小字, 四角皆有团花图案, 团花图案内皆有"壹圆"二字。背面边栏内, 上部有英文行名"THE BANK OF TERRITORIAL DEVELOPMENT", 发行说明"PROMISES TO PAY BEARER AT ITS OFFICE HERE ONE DOLLAR LOCAL CURRENCY"; 中部有一团花图案, 团花图案内有"壹圆"二字; 下部有英文面值"ONE DOLLAR"等。边栏四角皆有团花图案, 团花图案内皆有"1$"。

殖边银行是民国早期一家以"辅助政府调剂边疆金融, 贷款于沿边实业"为宗旨的股份制银行, 最早由孙中山领导的南京临时政府倡议, 1914年在北京正式成立, 1916年因卷入袁世凯的复辟帝制风波而停业。这张壹圆兑换券是该行短暂历史的见证。

【图108】

四川濬川源官银行银圆兑换券壹圆

年代：民国四年（1915）

质地：纸

尺寸：长15.30厘米，宽10.30厘米

长方形，横式。正面呈蓝色，背面呈红色，皆有边栏。正面边栏内，上部有横读"四川濬川源官银行"八字；中下部左中右各有一个团花图案，中间团花图案内有纵读"壹圆"二字，左侧团花图案呈银圆形，内有纵读"壹圆"二字，右侧团花图案内有袁世凯侧面头像及行书"中華民國四年"六字。边栏四角各有一圆形红色印文，为篆书"将军之印""财政厅印"及"银行总理"等。背面边栏上边有英文行名"SZE CHUEN CIN CHUEN YEN BANK"。边栏内，上部有纵读文字二十行，具体内容为："濬川源銀行發行／銀圓兑换券簡章：／一、此項兑换券奉／大總統特許，由濬川／源銀行發行，為收回四川軍票之用。／一、此項兑换券總額五百／萬元，隨時均可兑换現／圓，凡有本行分行地方，／一律照此辦理。／一、此項兑换券，凡在本省，／無論完納正副雜稅、／釐捐以及支發俸／餉，商民交易，均一律／照現銀圓通用，不／得稍有折扣。／一、此項兑换券不得／簽字蓋印，任意／塗污，倘有私造，按／律嚴懲不貸"。下部有山水图。

【图109】

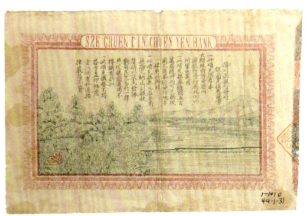

　　这张纸币是1915年陈二庵主持四川军政事务后，为收回军政府时期所发行的军用银票，通过四川濬川源官银行发行的纸币中的一种。四川濬川源官银行成立于清光绪三十一年（1905），辛亥革命爆发后曾停业一段时间，1912年11月经四川军政府同意恢复营业，1920年彻底停业。这张纸币反映了民国早期四川金融业的历史。

中国银行样本1元

年代：民国七年（1918）

质地：纸

尺寸：长14.90厘米，宽8.30厘米

长方形，横式。仅有背面，呈黑色，有边栏。边栏上边有英文行名"BANK OF CHINA"，底边有英文地名"PEKING"、年份"SEPTEMBER 1918"和制作商"American Bank Note Company"。边栏内正中有三联团花图案，左右两边团花图案内皆有数字"1"，中间团花图案内上有英文"PROMISES TO PAY THE BEARER ON DEMAND AT ITS OFFICE HERE"，下有英文面值"ONE YUAN"和"LOCAL CURRENCY"，以及地名"SHANGHAI"。币面从右至左有三行纵读红色墨书"样本"二字，并剪凿有汉字"样券作废"四字和英文"SPECIMEN"。

【图110】

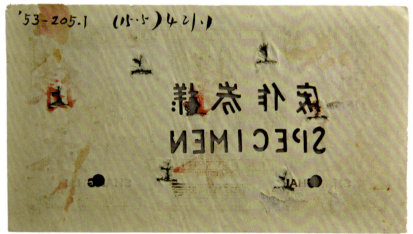

中国银行成立于民国元年（1912），一直发展延续至今，是我国历史最为悠久的银行之一。这张纸币不仅是该行早年历史的一个见证，而且反映了民国早期我国金融业的发展变迁。

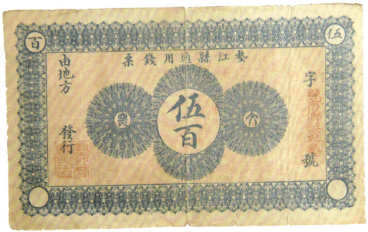

【图111】

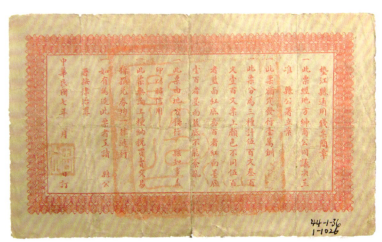

垫江县通用钱票伍百

年代: 民国七年（1918）

质地: 纸

尺寸: 长14.80厘米，宽8.90厘米

长方形，横式。正面呈蓝色，背面呈红色，面、背皆有边栏。正面边栏内，上部有横读"垫江縣通用錢票"七字；中下部中间有五联团花图案，团花图案内正中有纵读"伍百"二字，偏右有篆书"文"字，偏左有篆书"券"字，团花图案右侧有纵读"字號"二字并加印红色纵读"照市價换兑券"六字，左侧有纵读"由地方發行"五字并盖篆书"垫江商会盖印"红色方形印。边栏右上角有"伍"字，左上角有"百"字，左、右下角均有一个圆圈。背面边栏内有纵读文字十五行，具体内容为："垫江縣通用錢票简章：/一、此票經地方紳商公同議决，呈/准縣公署立案。/一、此票額定發行壹萬釧。/一、此票分為三種，計伍百文、叁百/文、壹百文。票上顏色不同，伍百/者藍面紅底，叁百者紅面墨底，/壹百者墨面藍底，不能紊亂。/一、此票由地方發行，縣知事盖/印以昭信用。/一、此票無論上糧納税，買賣交易，/掉换兑券，均一律通行。/一、如有偽造此票者，呈请縣公/署按律治罪。/中華民國七年 月 日订。"字面正中盖有一红色方形篆书印，文末盖有一小型红色方形篆书印。

垫江，即今重庆市垫江县。这张纸币表明，民国早期，不仅地方政府可以发行货币，而且地方商业团体也可以发行货币，反映了这段时期货币流通的混乱状况，以及货币发行权的不统一（这是由当时殃及全国的军阀割据混战造成的）。这张纸币可以说是当时社会状况的一个缩影。

四川大学博物馆藏品集萃

货币卷

劝业银行拾圆

年代： 民国十年（1921）

质地： 纸

尺寸： 长16.00厘米，宽8.30厘米

长方形，横式。面、背皆呈绿色，皆有边栏。正面边栏内，上部有横读"勸業銀行"和"政府特許發行"两排大小不等的文字；中部中间有民居庭院图，左右两侧各有一团花图案，团花图案内皆有纵读"拾圓"二字，左右两边皆有"拾"字，并墨书纵读"北京"二字；下部有"憑票即付中華民國國幣"十字。边栏底边有横读"中華民國拾年"六字，底边外有横读"美國鈔票公司"六个小字，四角皆有一瓶状团花图案，团花图案内皆有"拾"字。背面边栏上部有英文行名"THE INDUSTRIAL DEVEDOPMENT BANK OF CHINA"，底边有英文日期"FEBRUARY 1ST 1921"；边栏内正中有一大团花图案，团花图案内有篆书"勸"字及麦穗纹，左右两侧皆有数字"10"，团花下有英文面值"TEN YUAN"，说明文字"PROMISES TO PAY THE BEARER ON DEMAND AT ITS OFFICE HERE OF THE NATIONAL COINAGE OF THE CHINESE REPUBLIC"，以及红色墨书英文"PEKING"；边栏底边外有英文"AMERICAN BANK NOTE COMPANY"；边栏四角皆有一"亞"字形团花图案，团花图案内皆有数字"10"。

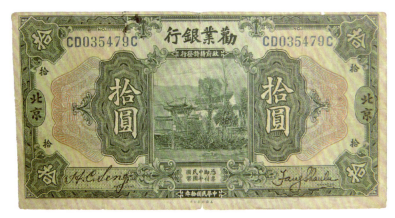

【图112】

劝业银行由虞洽卿、靳云鹏于1920年在北京创办，并于次年取得货币发行权。其发展屡屡受到军阀派系的严重干扰，历经十年磨难，于1930年倒闭。这张拾圆券反映了该行创建之初的一些情况。

财政部平市官钱局当拾铜元拾枚

年代： 民国十二年（1923）

质地： 纸

尺寸： 长11.30厘米，宽5.90厘米

长方形，横式。正面呈墨绿色，背面呈褐色，面、背皆有边栏。正面边栏上边有横读"财政部平市官錢局"八字，底边有"民國十二年五月"七个小字。边栏内，正中有一团花图案，团花图案内有横读"當拾铜元"四字及纵读"拾枚"二字；右侧有天坛图，其右有纵读文字两行，为"公私款項/一律通用"八字；左侧有湖泊桥梁建筑图，其左有纵读文字两行，为"憑票即付/不掛失票"八字；团花图案下有横读"京兆"二字。边栏四角皆有一葫芦形团花图案，团花图案内皆有篆书"拾枚"二字。背面边栏内，正中有一圆圈，其内有数字"10"，圈上有横读"财政部平市官錢局"八字，圈左右两侧皆有一团花图案，团花图案内皆有篆书"拾"字，两个"拾"字之间有英文面值"TEN COPPER COINS"。边栏四角皆有一团花图案，团花图案内皆有篆书"拾枚"二字。右下角钤有一圆形蓝色印。

【图113】

1914年，北洋军阀政府在河北保定设立财政部平市官钱局，在财政总长熊希龄的主持下，推行币制改革，要求全国纸币统一由中国银行、交通银行发行，禁止以前各地发行的纸币继续流通，由财政部平市官钱局印制铜元券以解决流通中制钱不足的问题。该票即由中国银行代为发行。由于当时中国正值军阀割据混战，这一币制改革未能在全国有效推行。1926年12月，财政部平市官钱局改组为官商合办的京兆银钱局，退出了历史舞台。这张拾枚铜元券反映了财政部平市官钱局的一些历史情况。

四川大学博物馆藏品集萃

货币卷

【图114】

四川官钱局制钱壹千文

年代： 民国十三年（1924）

质地： 纸

尺寸： 长13.80厘米，宽8.00厘米

长方形，横式。面、背皆呈绿色，皆有边栏。正面边栏内，上部有横读"四川官钱局"五字；中下部中间有一团花图案，团花图案内有纵读"制錢壹千文"五字，左右两侧皆有高塔亭阁图，右边有纵读"憑票即付"四字，左边有纵读"不掛失票"四字。边栏四角皆有一团花图案，团花图案内皆有"壹千"二字。背面边栏内，上部有英文行名"SSUCHUAN PROVINCIAL BANK"；中部有英文面值"ONE HUNDERD COPPER COINS"，其上下各有一行英文说明文字，分别为"Promises to Pay the Bearer on Demand at its"和"Office here, Local Currency value recelved"，英文上盖有一方形红色篆书印文"四川官錢局印"。边栏四角皆有一团花图案，团花图案内皆有"壹千文"三字。

　　1923年，贵州军阀袁祖铭进驻重庆，为搜刮民财，充实军费，在重庆市内设立四川官钱局，大量发行大面额的铜元兑换券。当其被迫离川后，这些纸币沦为废纸。这张纸币即反映了这一历史情况，也是当时军阀混战对四川经济造成严重破坏的历史见证。

华威银行壹角

年代：民国十四年（1925）

质地：纸

尺寸：长11.00厘米，宽6.20厘米

长方形，横式。正面呈绿色，背面呈红色。正面有边栏。边栏内，右侧上有横读"華威銀行"四字，下有一团花图案，团花图案内有纵读"壹角"二字，团花图案右有纵读"每拾角兑大洋壹元"八字，团花图案下有篆书"華威銀行"和"行長之章"两个红色方形印文，以及红色墨书"天津"二字，左侧有佛塔牌楼桥梁图，图左有纵读"中華民國十四年印"八字。边栏底边外有横读"财政部印刷局制"七个小字。边栏四角皆有一团花图案，团花图案内皆有"壹角"二字。背面有一长方形大团花图案。团花图案内，上部有英文行名"THE SIND SCANDINAVIAN BANK"；中部有英文面值"TEN CENTS"，说明文字"TEN 10 CENTS NOTES TO BE EXCHANGED FOR ONE YUAN""NATIONAL CURRENCY"和"OCTOBER 1st 1925"，以及墨书英文"TIENTSIN"；团花图案左右两侧各有一汉字，合起来为"壹角"二字；团花图案下部有英文小字"BUREAU OF ENGRAVING AND PRINTING, PEKING, CHINA"。

【图115】

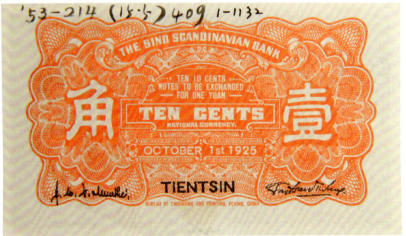

华威银行是一家中外合资银行，由中国、挪威、丹麦三国商人合办，创办于1922年，1928年停业。这张纸币反映了该行创建之初的历史情况。

中国农民银行样本1元

年代：民国二十三年（1934）

质地：纸

尺寸：长13.70厘米，宽7.60厘米

长方形，横式。仅有背面，呈灰褐色。边栏顶端有英文行名"THE FARMERS BANK OF CHINA"；中间有一幅农民驾牛耕田图，其两侧各有一团花图案，团花图案内各有一数字"1"，左右空白处有水印"民"字；下端有英文"ONE YUAN"和"NATIONAL CURRENCY"。边栏四角各有数字"1"。币面另盖有红色汉字"樣本"二字和英文"SPECIMEN"。

【图116】

中国农民银行1934年由豫、鄂、皖、赣四省农民银行改组成立，次年列入国家银行系列。这张纸币系该行初建时所发行，见证了该行的早期历史。

中央银行临时兑换券伍圆

年代： 民国十五年（1926）
质地： 纸
尺寸： 长14.90厘米，宽8.30厘米

长方形，横式。面、背皆呈灰绿色，皆有边栏。正面边栏内，上部有横读"中央银行临时兑换券"；中部中间有亭阁图，两侧各有一团花图案，团花图案内皆有篆书"伍"字、纵读"伍圆"二字和数字"5"，右边有纵读"中华民国"四字，左边有纵读"十五年印"四字；下部有纵读文字四行，为"凭票/即付/光洋/伍元"八字，文字左右皆有一枚红色方形篆书印。边栏四角皆有一团花图案，右上角团花图案内有篆书"伍圆"二字，左上角团花图案内有"5 DOLLARS"，右下角团花图案内有数字"5"，左下角团花图案内有篆书"伍"字。背面边栏内，上部有英文行名"THE CENTRAL BANK OF CHINA"；中部中间有发行条例数行，文字模糊不清，条例左右两侧各有一团花图案，团花图案内皆有数字"5"；下部有横读"湘鄂各兑换所照兑"八字和"中央银行湘鄂分行照兑"十字。边栏四角皆有团花图案，右上角和左下角的团花图案内有篆书"伍"字，左上角和右下角的团花图案内有篆书"圆"字。币面正中钤有一红色方形印，印文为篆书"國民革命軍總司令行營之印"。

【图117】

中央银行是孙中山1924年在广州创办的，北伐战争胜利后成为国民政府的国家银行，1949年迁往台湾。1926年，北伐战争开始，中央银行发行临时兑换券，随军使用。这张临时兑换券即这一时期的历史遗留物。

四明银行加盖"中央银行"兑换券伍圆

年代： 民国十六年（1927）

质地： 纸

尺寸： 长15.40厘米，宽8.00厘米

长方形，横式。面、背皆呈红色，皆有边栏。正面边栏内，上部原有的横读"四明银行"四字，后被加盖的红色横读"中央银行"四字覆盖；中部中间有高楼图案，左右两侧皆有一团花图案，团花图案内皆有纵读"伍圆"二字，并分别有纵读小字"凭票即付"和"通用银元"，两边各有纵读"上海"二字；下部有横读"中华民国九年九月一日印"十一字。边栏四角皆有一团花图案，左上角和右下角团花图案内皆有"伍"字，右上角和左下角团花图案内皆有数字"5"。背面边栏顶端加盖黑色英文行名"THE CENTRAL BANK OF CHINA"，原有的"四明银行"英文行名完全被覆盖；底边有英文说明；边栏内正中有一圆圈，左右两侧各有一团花图案，团花图案内皆有数字"5"，圈下有英文面值说明"FIVE DOLLAR LOCAL CURRENCY"；边栏左上角和右下角有数字"5"，左下角和右上角有"伍"字。

【图118】

1927年，北伐战争取得节节胜利，国民革命军所控制的地域越来越广，纸币的发行量已不能迅速满足货币流通的需要，于是在一些地方出现了在旧有纸币上加盖"中央银行"行名继续流通的情况。这张伍圆兑换券就是在这种情况下产生的。

图录

沔县商会通用券贰串

年代：民国二十四年（1935）

质地：布

尺寸：长11.40厘米，宽8.00厘米

长方形，横式。正面呈黑色，有边栏。正面边栏内，上部有横读"沔縣商会通用券"七字；中部正中有一高塔，塔左右两侧各有一团花图案，团花图案内各有一字，合起来为"贰串"二字，右边有纵读"字第号"三字，左边有纵读"民國二十四年吉月吉日"十字；下部有横读"收舊换新"四字。边栏四角皆有一圆圈，圈内皆有数字"2"。背面无图案、文字。

【图119】

民国二十年（1931），陕西南部的军阀为解决军费问题，通过沔县商会发行通用券，直到民国二十九年（1940），这种通用卷仍陆续在发行、流通。这张布币即当时的产物，反映了民国时期地方军阀势力的根深蒂固，以及地方军阀对地方经济的影响。

四川省银行样张伍角

年代：民国二十五年（1936）

质地：纸

尺寸：长11.10厘米，宽6.00厘米

长方形，竖式。正面呈红色，背面呈褐色，面、背皆有边栏。正面边栏内，上部有一团花图案，团花图案内有横读"四川省银行"五字；中部有望江楼风光图，图下有纵读"积成拾角兑付法币壹圆"十字；下部有纵读"签字处"三字，其下有横读"中华民国廿五年印"八字。边栏四角皆有一团花图案，团花图案内皆有"伍角"二字，旁皆凿有圆孔一个。币面加盖黑色线描纵读"样张"二字。背面边栏内，上部有英文行名"SZECHUEN PROVINCIAL BANK"；中部有一团花图案，团花图案内有币值"50 CENTS"，下有英文"FIFTY CENTS"；下部有横读"盖章处"三字，以及英文"LOCAL CURRENCY"和"1ST JULY，1936"。边栏四角皆有一团花图案，团花图案内皆有数字"50"。

四川省银行于1935年由四川军阀刘湘1933年创办的四川地方银行更名而来，总部最初设在重庆，后迁至成都，1949年底成都解放后停止营业。这张纸币反映了该行早期的一些情况，对于研究民国时期四川金融业具有一定的意义。

【图120】

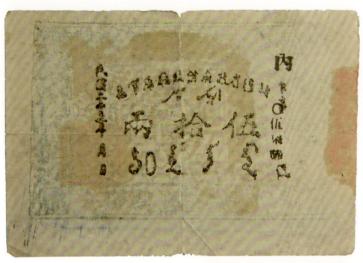

【图121】

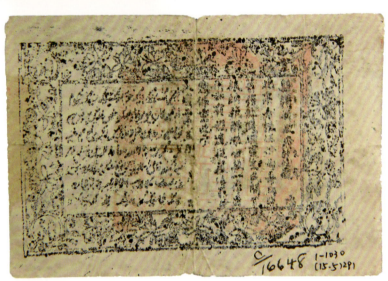

新疆省政府财政厅官票伍拾两

年代： 民国二十五年（1936）

质地： 纸

尺寸： 长14.30厘米，宽9.70厘米

长方形，横式。正面呈绿色，背面呈墨色。正面上部有墨书横读"新疆省政府财政聽官票"十字；中间中间有横读"伍拾两"三字，右侧有墨书编号，左侧有墨书纵读"民國二十五年月日"八字；下部有维吾尔族文字"50两"。背面有缠枝纹边栏，边栏内有汉字和维吾尔族文字书写的发行说明，文字模糊不清。

民国成立以后，同全国许多地方一样，新疆地区也逐渐陷入了军阀割据的混乱局面，为敛取钱财，解决军费，各军阀纷纷发行纸币。到1933年盛世才掌控新疆政局后，这种情况虽然有所改善，但仍然存在，对当时的经济发展和货币流通秩序造成了很大干扰。这张银票即是当时新疆金融秩序混乱状况的真实反映。

伪满洲中央银行五圆

年代：民国二十一年至三十四年（1932—1945）
质地：纸
尺寸：长13.70厘米，宽7.50厘米

长方形，横式。正面呈黑色，有龙和仙草纹构成的边栏。边栏内，上部有"满洲中央银行"六字；中部右侧有一黑须老者画像，中间为面值"五圆"二字，左侧有一团花图案，团花图案内有数字"5"；下部有"大日本帝國內閣印刷局製造"十二字。边栏左上角、右上角分别有面值"五圆"字样，下部有"5 YUAN"字样。背面呈褐色，有圆圈纹构成的边栏。边栏内，上部有"满洲中央银行"字样；中部中间有宫殿建筑图，其左右两侧各有一团花图案，团花图案内分别有满、汉文面值"五圆"字样；下部有发行文字说明八行："此票依據/满洲國政府/於大同元年/六月十一日/施行之教令/第二十五號/貨幣法而/發行者。"边栏四角各有一团花图案，团花图案内皆有数字"5"。

【图122】

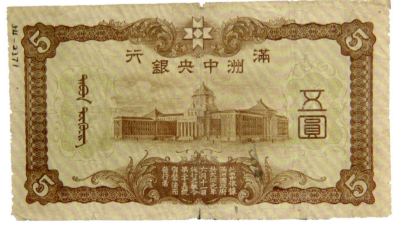

1931年，日本帝国主义发动九·一八事变，悍然出兵侵占我国东北地区。次年，扶持清朝末代皇帝溥仪建立伪满洲国，成立伪满洲国中央银行，发行纸币，掠夺东北地区的战略物资，以进一步扩大对我国的侵略。这张纸币就是这一时期被制造出来的，是日本侵略者侵占我国东北地区的有力证据，是溥仪集团背叛国家、出卖民族利益的历史罪证。

"大日本帝國政府軍用手票" 拾钱

年代： 日本昭和十二年（1937）

质地： 纸

尺寸： 长10.50厘米，宽5.10厘米

长方形，横式。正面呈黑色，背面呈红色。正面边栏内，上部有"大日本帝國政府軍用手票"十一字；下部有面值"拾錢"二字，面值右侧有龙纹，左侧有一团花图案，团花图案内有数字"10"，"拾錢"与"10"之间有"大藏大臣"方形印文。边栏右上角和左下角有数字"10"，左上角和右下角有篆书"拾"字。背面有一长方形团花图案，团花图案内，右侧有"10 SEN"，左侧有"拾錢"二字，下部有"10 SEN"，中间有纵读文字八行，具体内容为："此票一到，/即换正面所/開日本通貨。/如有偽造、/變造、仿造/或知情行/使者，均應/重罰不貸。"

【图123】

1937年，日本帝国主义悍然制造卢沟桥事变，发动全面侵华战争。为解决军费开支，掠夺占领区的各项物资，日本侵略者发行各种军用手票，让日本士兵在日军占领区流通使用。这张"拾錢"券即其中之一，它见证了日本帝国主义对中国的全面侵略。

四川大学博物馆藏品集萃

货币卷

伪中国联合准备银行壹百圆

年代： 民国二十七年（1938）
质地： 纸
尺寸： 长17.00厘米，宽8.90厘米
长方形，横式。正面呈灰褐色，背面呈红褐色。正面边栏左右两边皆有一团花图案，左上角、右上角皆有"佰圆"二字，左下角、右下角皆有数字"100"。边栏内，上部有横读"中國聯合準備銀行"八字，中下部中间有纵读"壹百圆"三字及正副总裁签章，其左为建筑图，其右为皇帝图像。背面有三个相连的团花图案，左右两个团花图案内分别有篆书"圆"字和"佰"字，中间的团花图案内有"中國聯合準備銀行"八字及数字"100"。

【图124】

1937年日本发动全面侵华战争后，王克敏公然投敌，在北京成立所谓的"华北临时政府"，设立伪中国联合准备银行，发行纸币，配合日本对中国进行经济掠夺。这张纸币就是伪中国联合准备银行所发行的众多纸币中的一种，是王克敏集团甘当汉奸，出卖国家利益的历史罪证。

伪蒙疆银行拾圆

年代：民国二十六至三十四年（1937—1945）
质地：纸
尺寸：长15.80厘米，宽7.70厘米

长方形，横式。面、背皆呈蓝灰色。正面边栏内，上部有横读"拾圆"二字，中部有草原牵牛、牵骆驼及骑马图，下部有篆书"總裁之印"和"副總裁之印"两方红色印文及横读"蒙疆银行"四字。边栏左上角和右下角皆有数字"10"，左下角和右上角皆有"拾"字。背面正中有一长方形团花图案，团花图案内中间有横读"蒙疆银行"四字，其右有篆书"拾"字，其左有篆书"圆"字，中为大同云冈石窟佛像图，佛像图左右两侧各有一团花图案及蒙文面值"拾圆"，下面有数字"10"。

【图125】

1937年12月，日本在绥远扶持汉、蒙民族败类成立伪蒙古联合自治政府，设立伪蒙疆银行，发行纸币，加紧对山西、内蒙古占领区的经济掠夺。这张纸币即伪蒙疆银行发行的众多纸币中的一种，也是日本帝国主义侵略中国的历史见证。

伪中央储备银行壹百圆

年代：民国三十二年（1943）

质地：纸

尺寸：长17.10厘米，宽8.30厘米

长方形，横式。面、背皆呈绿色，皆有边栏。正面边栏内，上部有横读"中央储备银行"六字；中部中间有孙中山头像，左右两边各有一团花图案，团花图案内皆有横读"壹百圆"三字；下部有篆书"中央储备银行总裁"和"中央储备银行副总裁"两方红色印文，两方印文之间有横读"中華民國國幣壹百圓"九字。边栏底边有"中華民國三十二年印"九字。边栏四角皆有葫芦形团花图案，团花图案内皆有"壹百"二字。背面边栏顶端有英文行名"THE CENTRAL RESERVE BANK OF CHINA"，底边有英文"ONE HUNDRED YUAN"及数字"1943"。边栏内，正中有中山陵图景，左右两边各有一团花图案，团花图案内皆有数字"100"。边栏四角皆有数字"100"。

1940年3月20日，汪精卫公然投降日本，在南京成立伪国民政府，并于次年设立伪中央储备银行，发行纸币，配合日本侵略者对占领区进行疯狂掠夺。这张纸币是伪中央储备银行发行的众多纸币中的一种，是汪精卫集团背叛国家，出卖民族利益的历史见证。

【图126】

西康省银行半圆藏币

年代：民国二十八年(1939)
质地：纸
尺寸：长10.90厘米，宽6.30厘米

长方形，横式。面、背皆呈红色。正面有类似数字"9"的图案构成的边栏，边栏内上部有"西康省银行"及"中华民国廿八年印"字样，中部右侧有一团花图案及面值"半圆藏币"四字，左侧有山谷寺庙图，下部有"财政部核准"及"财政部成都印刷所承印"字样。边栏四角有汉、藏文面值"半圆"字样。背面有缠枝纹构成的边栏，边栏内上部有藏文银行名，中部有一团花图案，团花图案内有藏文面值，团花图案左右有"藏币"二字，下部有藏文"财政部核准"字样，边栏四角有汉、藏文面值。

【图127】

1939年，民国政府在今四川西部和西藏东部设立西康省，随即成立西康省银行，发行纸币，以满足当地货币流通的需要。这张半圆藏币见证了四川和西藏行政史上的这一次大的变动。

四川大学博物馆藏品集萃

货币卷

【图128】

中央银行东北九省流通券壹圆

年代： 民国三十四年（1945）

质地： 纸

尺寸： 长14.70厘米，宽5.60厘米

长方形，横式。通体呈紫色，面、背皆有边栏。正面边栏内，上部有"中央银行"和"東北九省流通券"两排横读文字；中下部右侧有一团花图案，团花图案内有"壹圆"二字，下有"中華民國三十四年印"九字，左侧有"天下第一关"山海关图。边栏四角皆有"壹"字。底边外有"中央印製廠上海廠"八字。背面边栏内，正中有一团花图案，团花图案内有"壹圆"二字，左右两侧有正副局长签名，边栏四角皆有数字"1"。

日本战败投降后，国民政府进驻东北地区，并将东北地区划分为辽宁、安东、辽北、吉林、松江、合江、黑龙江、嫩江、兴安九省，试图恢复在该地区的统治秩序，加强经济控制，为此发行了所谓的"东北九省流通券"。这张壹圆券即其一，它既见证了日本投降、东北光复的历史，又记录了东北地区的这次行政区划变动。

台湾银行拾圆台币

年代：民国三十五年（1946）
质地：纸
尺寸：长14.10厘米，宽7.60厘米

长方形，横式。面、背皆呈灰绿色，皆有边栏。正面边栏内，上部有横读"台湾银行"四字；下部正中有孙中山头像，其右侧有台湾岛屿图，图上有横读"台币"二字，图内有纵读"拾圆"二字，左侧有建筑图，孙中山头像左下角、右下角分别有篆书"台湾银行董事长"和"台湾银行總經理"两个红色方形印文。边栏底边有横读"中華民國三十五年印"九字，底边外有"中央印製廠"五字。边栏四角皆有团花图案，团花图案内皆有"拾"字。背面边栏内，正中有郑成功收复台湾海战图，图左右两侧各有一团花图案，团花图案内皆有数字"10"。边栏四角皆有团花图案，团花图案内皆有数字"10"。

1945年8月15日，日本宣布无条件投降，台湾光复。为重建台湾金融秩序，国民政府设立台湾银行，发行主要流通于台湾的"台币"。这张拾圆台币正是台湾银行初创时所发行的，它见证了光复台湾这一激动人心的历史事件。

【图129】

【图130】

中央银行金圆券壹佰萬圆

年代： 民国三十八年（1949）

质地： 纸

尺寸： 长14.80厘米，宽6.00厘米

长方形，横式。面、背皆呈褐色。正面边栏内，上部偏左有横读"中央银行"四字，中下部右侧有戎装蒋介石头像，左侧有一团花图案，团花图案内有横读"金圆券"和"壹佰萬圆"两排文字。边栏底边外有横读"中华书局股份有限公司"十字。边栏四角皆有团花图案，团花图案内皆有"壹佰萬"三字。背面上部有英文行名"THE CENTRAL BANK OF CHINA"，中部有河流篷船桥梁图，下部有英文面值"ONE MILLION GOLD YUAN"及数字"1949"，四角皆有数字"1000000"。

1946年6月，国民党悍然发动全面内战，大举进攻中国共产党领导的各个解放区。随着国民党在军事上的节节败退，国民党统治区出现了物价飞涨、货币严重贬值的现象，大面额的纸币不断被印刷出来，面额不断刷新。为挽救即将崩溃的货币体系，国民党政府先后发行了所谓的关金券、金圆券和银圆券，但最终均告失败。这张面值壹佰万圆的金圆券可以说是这一时期国民党政权行将覆灭、货币体系面临崩溃的生动写照。

湘鄂赣省工农银行铜元券贰百文

年代： 1931—1934年
质地： 纸
尺寸： 长9.83厘米，宽5.54厘米

长方形，横式。正面呈黑色，背面呈红色，面、背皆有边栏。正面边栏内，上部有"湘鄂赣省工農銀行"八字；中下部中间有面值"铜元贰百文"五字，其右侧有房屋建筑图，左侧有高塔图，房屋建筑图右有纸币编号，高塔图左有"湘鄂赣省工農銀行發行"十字，并盖有一红色方形印章，为篆书总经理章。边栏四角各有一团花图案。背面正中盖有一红色菱形印章，印文为"實行革命經濟組織，衝破敵人經濟封鎖"。边栏右边盖有一红色骑缝章。

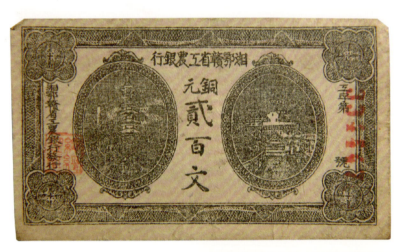

【图131】

1931年，彭德怀、滕代远、黄公略等率领红军开辟湘鄂赣革命根据地，建立湘鄂赣省苏维埃政府。为加强根据地经济建设，冲破国民党的经济封锁，设立湘鄂赣省工农银行，发行铜元券。1934年8月红军主力转移，该行停止营业。这张贰百文铜元券就是这一时期的历史遗留物，它见证了湘鄂赣革命根据地的斗争史。

中华苏维埃共和国国家银行川陕省工农银行壹圆

年代： 1933年

质地： 纸

尺寸： 长17.40厘米，宽7.86厘米

长方形，横式。正面呈浅黄色，背面呈淡绿色，币面模糊。正面上部有横读"中華蘇維埃共和國"八字；中部正中有列宁头像，其左右各有二字，合起来为"國家銀行"四字；下部有横读"川陕省工农银行發行"九字；左、右上角各有数字"1"。背面上部有"全世界無產階級聯合起來"十一字；中部有工农劳动场景图，图左右有俄文面值；下部有数字"1933"，其左右各有宣传文字。币面左下角盖有一长方形红色印章，印文为篆书"川陕省工农银行印"八字。

1931年11月27日，中华苏维埃共和国在江西瑞金成立。次年3月，为实行统一的货币制度，推进各个根据地的经济建设，加强经济战线上的对敌斗争，苏维埃中央政府决定设立中华苏维埃共和国国家银行，将各个根据地原有的苏维埃银行改建为国家银行分行，发行货币，在各个苏区流通。这张壹圆券就是在这种背景下由川陕省工农银行发行的。它既反映了中华苏维埃共和国的历史，又见证了川陕革命根据地的烽火岁月，具有重要的历史意义。

【图132】

【图133】

中华苏维埃共和国国家银行湘赣省分行铜元券拾枚

年代：1934年

质地：纸

尺寸：长8.89厘米，宽5.16厘米

长方形，横式。面、背皆呈黑色，皆有边栏。正面边栏内，上部有横读"中華蘇維埃共和國國家銀行湘赣省分行"十七字；中部中间有红军战士行军图，其左右各有一团花图案，团花图案内各有一字，合起来为"拾枚"二字；下部有横读"當銅元拾枚"五字。边栏四角皆有一团花图案，左上角、右上角团花图案内皆有"拾"字，左下角、右下角团花图案内皆有"枚"字。背面边栏内，中部中间有太阳初升图，其左右皆有一团花图案，团花图案内皆有一字，合起来为"拾枚"二字；下部有横读"公曆一九三四年"七字。边栏左上角、右上角皆有"拾"字，左下角、右下角皆有"枚"字。

1931年8月，红六军团在井冈山革命根据地的基础上创建湘赣革命根据地，成立湘赣省苏维埃政府，设立湘赣省工农银行，在根据地发行货币。1933年2月，该行改为中华苏维埃共和国国家银行湘赣省分行。1934年8月，红六军团撤出湘赣革命根据地，该行随即停止营业。这张拾枚铜元券就是这一时期发行的，它见证了湘赣革命根据地先烈们艰苦卓绝的革命历程。

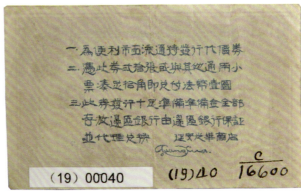

【图134】

延安光华商店代价券伍分

年代： 1938年

质地： 纸

尺寸： 长8.62厘米，宽5.26厘米

长方形，横式。正面呈褐色，背面呈蓝色。正面边栏内，上部有横读"延安光華商店代價券"九字，中部左右两侧各有数字"5"，下部有一团花图案，团花图案内有"伍分"二字。边栏左上角、右上角皆有"五分"二字。背面有蓝色墨书发行说明三条，分六行排列，具体内容为："一、為便利市面流通，特發行代價券。/二、憑此券貳拾張或與其他通用小/票湊足拾角，即兑付法幣壹圓。/三、此券發行十足準備，準備金全部/存放邊區銀行，由邊區銀行保證/並代理兑换。延安光華商店。"文末有一签名。

抗日战争爆发后，国共第二次合作，陕甘宁边区政府成立，红军整编为国民革命军第八路军（简称"八路军"）。按照规定，八路军的军饷由国民政府支付，但由于其所付军饷多为面值一元以上的法币，小面额的钞票很少，造成边区市场上辅币严重短缺。为解决这一问题，边区政府组织延安光华商店发行小面额代价券，很快使货币流通市场得以顺畅。这张伍分代价券就是当时发行的小面额代价券的一种，反映了抗战初期陕甘宁边区经济建设情况。

陕甘宁边区银行壹角

年代： 1941年
质地： 纸
尺寸： 长7.90厘米，宽3.75厘米

长方形，横式。正面呈黑褐色，背面呈墨绿色，面、背皆有边栏。正面边栏内，上部有横读"陕甘宁邊區銀行"七字，中部有延安窑洞宝塔图，下部有篆书"經理之印"和"副理之印"两枚印文。边栏右上角有横读"民國三十年"五字，左上角有数字"1941"，左下角、右下角皆有一字，合起来为"壹角"二字。背面边栏内，上部有外文行名"SHAAN GAN NING BIANKY INXANG"，中部正中有一团花图案，团花图案内有数字"10"。边栏底边有英文"CENTS"，左下角、右下角皆有数字"10"。

【图135】

　　陕甘宁边区银行成立于1937年10月，最初没有发行货币。1941年，皖南事变后，国民党政府停发八路军、新四军军饷，对边区实行经济封锁。为应对这一局面，边区政府组织边区银行发行货币，以稳定市场，发展经济，挫败国民党的阴谋。这张壹角券就是当时所发行的，它见证了边区这段艰苦的斗争岁月，以及共产党领导边区政府对国民党反动政策的坚决反击。

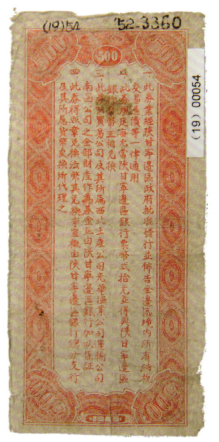

【图136】

陕甘宁边区贸易公司伍百圆

年代： 1945年

质地： 纸

尺寸： 长14.16厘米，宽6.86厘米

长方形，竖式。面、背皆呈红色，皆有边栏。正面边栏内，上部有长城图，其上有横读"陕甘宁邊區"和"貿易公司商業流通券"两排文字，其下有横读"中華民國三十四年"八个小字，小字两侧各有一字，合起来为"伍百"二字；下部有一团花图案，团花图案内有横读"伍百圓"三字，其下有蓝色墨书"業季胜"和"范子文"两个签名。边栏四角皆有"伍佰"二字。背面边栏内有纵读发行说明四条，分八行排列，具体内容为："一、此券業經陝甘寧邊區政府批准發行，並佈告全邊區境內，所有納稅、/交易、遷債等，一律通用。/二、此券規定每元當陝甘寧邊區銀行票幣貳拾元，並得與陝甘寧邊區/銀行票幣互相兌換。/三、此券以貿易公司及其所屬西北土產公司、光華鹽業公司、運輸公司、/南昌公司之全部財產作為基金，並由陝甘寧邊區銀行加以保證。/四、此券得照章兌換法幣，其兌換事宜概由陝甘寧邊區銀行總分支行/及其所屬貨幣交換所代理之。"边栏顶端有数字"500"，底边有数字"1945"，四角皆有数字"500"。

　　1943年，国民党再次掀起反共高潮，对陕甘宁边区实施经济封锁，使边区出现了物资短缺、物价飞涨的严重危机。为稳定金融秩序，边区政府组织边区贸易公司发行货币，使货币流通市场得以稳定，国民党的阴谋再次破产。这张伍百圆券就是这段历史的有力见证。

晋察冀边区银行伍仟圆

年代: 1947年

质地: 纸

尺寸: 长14.00厘米，宽5.62厘米

长方形，横式。面、背皆呈红色，皆有边栏。正面边栏内，上部有横读"晋察冀邊區銀行"七字；中部右侧有一团花图案，团花图案内有横读"伍仟圓"三字，左侧有拱桥图；下部有篆书"經理之印"和"副理之印"两枚方形红色印文。边栏左右两边皆有纵读"冀熱遼"三字，底边有横读"民國三十六年印"七字，四角皆有一团花图案，团花图案内皆有"伍仟"二字。背面边栏顶端有英文行名"BANK OF SHANSI CHAHAR & HOPEI"，底边有数字"1947"。边栏内，中部有三个团花图案，团花图案内皆有数字"5000"；下部有英文面值"FIVE THOUSAND YUAN"；四角皆有一团花图案，团花图案内皆有数字"5000"。

【图137】

晋察冀边区银行成立于1938年3月，抗战时期为边区的巩固、发展和壮大做出了卓越贡献。解放战争期间，该行继续发行货币，为人民币的发展和统一奠定了坚实的基础。这张纸币就是解放战争初期边区银行发行的，它见证了晋察冀边区的历史和人民币日益发展、完善的历程。

第五部分

票证

票证是一种具有某些货币特征的纸质票据，是货币信用发展到一定历史阶段的产物。它们或是政府发行的债券、奖券，或是私人公司、店铺制作的代金券、股票券，或是银行发行的有偿储蓄券，等等。票证对于研究我国货币信用的发展，了解我国近现代货币状况以及地方经济情况，探究各个行业的历史，都具有一定的积极意义。

四川大学博物馆所藏票证有助于了解我国清末民国时期票证的发展情况，而革命根据地的票证则再现了前辈们艰苦卓绝的革命岁月。

广盛当当票

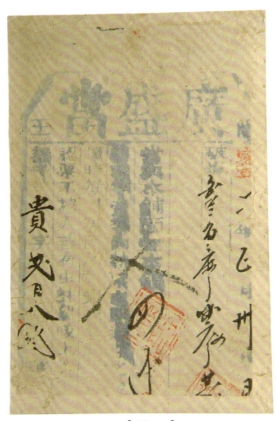

年代：清咸丰年间（1851—1861）

质地：纸

尺寸：长18.50厘米，宽12.40厘米

长方形，竖式。面、背皆呈白色。正面上部有横读"廣盛當"三字，下部有典当物品说明之类的文字及纪年等。背面素。

【图138】

典当是我国一个古老的行业，最早起源于春秋战国时期，宋代逐渐发展成熟，明清时期进一步发展繁荣。这张当票对于了解清代典当行业的发展和运作具有一定的参考价值，是我国古代典当行业发展演变的历史见证。

商办川省川汉铁路有限公司小股壹股票

年代：清光绪三十四年(1908)

质地：纸

尺寸：长23.00厘米，宽18.80厘米

长方形，竖式。由正券、副券和封套构成。正券的正面呈红色，背面呈白色。正面有红色边栏，边栏顶端有"商辦川省川漢鐵路有限公司"字样，其下有编号"第柒拾叄號"，下面从右至左有九行文字，分别为："本公司蒙督部奏準，先集股本銀叄千伍百萬兩，/股票分大小兩宗，大票計伍拾萬股，每股庫平銀伍拾兩，小/票計貳百萬股，每股庫平銀伍兩，息單附給""股東黃祉成係四川省華陽縣""小股/壹股票""總理/駐川胡駿/駐京喬樹枏/駐宜費道純""光緒三十四年全月二十八日給"等。票面右侧盖有一枚红色骑缝印，左下侧盖有两枚方形红色印。背面上部有龙纹旗帜图案，中部有火车图案，下部有中英文说明文字。中文具体内容为："此股單照定章，不得轉售或抵押與非中國人，如不遵章，此單即作廢紙。"副券正面呈红色，背面呈白色。正面有股息表，背面有"息單須知"四条："一、以交銀之次日起息，滿年六釐計算。/一、每屆一年為一息期。/一、此項息單以十年為限，限滿另換息單。/息單如有遺失，查照股票遺失章程一律辦理。"封套正面呈红色，有红色边框，框内有三行纵读文字，分别为"股東""商辦川省川漢鐵路有限公司股票"和"計/股票/紙/附息單"。背面素。

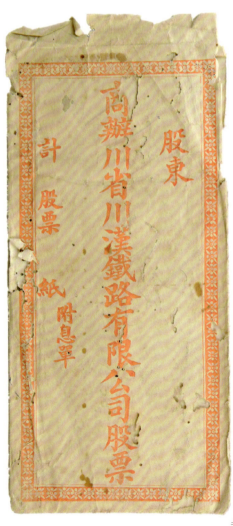

封套

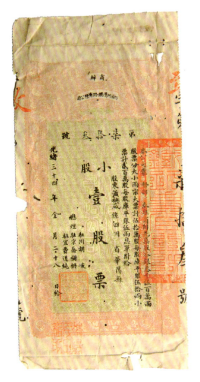

正券

副券

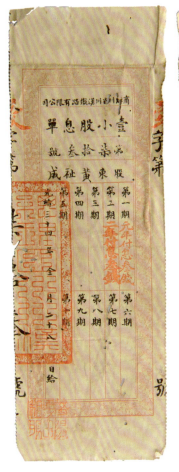

　　1903年，清政府拟修建四川成都至湖北汉口的川汉铁路，西方列强纷纷索要筑路权，在四川人民的抗争下，官办川汉铁路公司于1905年成立，专门负责筹集资金，修建川汉铁路。1907年公司改为商办。公司自成立之日起就开始发行股票，以筹集资金。这张股票即为当时所发行的股票之一。它不仅见证了清末四川地区的保路运动，而且从中还可了解我国早期商业公司的运作方式，具有重要的历史价值。

【图139】

四川财政厅腹地茶票

年代: 民国十三年(1924)

质地: 纸

尺寸: 长29.50厘米,宽18.50厘米

长方形,竖式。正面有一黑色边框,边框内上部有横读"腹地茶票"四字,下部有纵读文字九行,具体内容为:"四川财政廳為給票配銷事照得本省腹茶,現奉/省長公署核定試辦章程,商人配茶,但遵照定額繳完稅項,即任其運赴腹境/及外省各地銷售,不加限制。除完茶稅外,所有經過關卡一概免收統捐。自/應發給茶票配運,計每票壹張配茶貳包,每包連皮索共重天平秤伍拾伍/觔,並發給印花實貼包面。每票徵收茶稅銀壹元伍角,由產地徵收局按數/徵收批解,財政廳核收,不得絲毫蒂欠,合行給票採配。為此票,仰/該茶商領/執遵照定章配運行銷,不准茶與票離,致干究辦須至票者。/民國十三年捌月廿七日。甲子運第貳拾玖號"。另加盖有"四川財政廳"等红色印文。背面素。

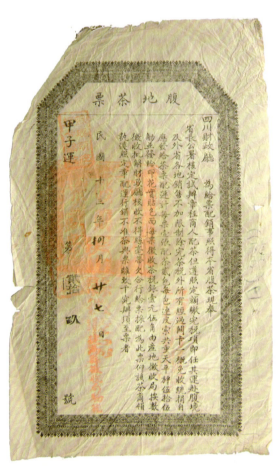

【图140】

自宋代以来,茶业就是四川地区重要的经济门类,历代对此都比较重视,茶税成为当地税收的一个重要来源。这张茶票是民国时期四川军阀以四川财政厅的名义为征收茶税而颁发的,它既反映了四川地区茶叶运销的一些情况,又见证了四川军阀对各行业的盘剥。

天府储蓄银行储蓄流通券伍圆

年代： 民国十七年(1928)

质地： 纸

尺寸： 长15.70厘米，宽7.80厘米

长方形，竖式。纸面，呈红色。正面有曲线纹边栏，边栏内上部有"天府储蓄银行""储蓄流通券"等字样，下部从右至左有五行文字，分别为"今存到通字第00700號""火記銀元伍圓整""右款訂明，隨時支取。本金若存滿三月以/上者，按週期四厘計息，付息方法詳載于后""民國十七年叁月卅一日"等字样，下端盖有蓝色"天府储蓄银行股份有限公司"印。边栏顶端外加印有红色"成都"二字，底端外有横书"漢口龍家巷中亞印書館代印"字样。边栏四角各有一团花图案，团花图案内皆有数字"5"。背面有红色边栏，边栏内绿地上有篆书"天府储蓄银行"暗字底纹，右有"天府储蓄银行储蓄流通券章程"，左为"付息欄"。"天府储蓄银行储蓄流通券章程"共五项，分八行排列，具体内容为："一、此項流通券為便利遠地儲戶存取如意而設；/二、此項流通券可自由轉讓，不能掛失止兑；/三、此項流通券按週息四厘計息，但存期未滿三月者無息，存期在三月以上未滿六月者仍付三月之/息，在六月以上未滿九月者仍付六月之息，在九月以上未滿一年者仍付九月之息，餘類推；/四、此項流通券取息期間自存款翌月起計算，例如，一月份存款，取息期在五月、八月、十一月、次年二月/四期，依此類推；/五、此項流通券已屆付息之期，儲戶只取利息、不取本金時，除應付應得之利息外，須在背面付息欄注/明付利息之年月日，以後計算利息，則自付此息之日期起算。""章程"下贴有一张印花税票。边栏四角皆有一"伍"字。

1927年，川军24军、28军和29军三支军阀武装驻防成都，为解决军费开支，纷纷成立银行，发行纸币，一时间造成成都金融业的畸形繁荣景象。天府储蓄银行即是在28军指使下由王慎等人出资成立的一家商业银行。这张伍圆储蓄流通券是该行为吸纳存款而发行的众多票证之一，它既反映了当时成都金融业畸形繁荣的现状，见证了四川军阀对金融业发展的严重干扰，又为研究民国时期成都金融业提供了一些直接资料，具有一定的历史价值。

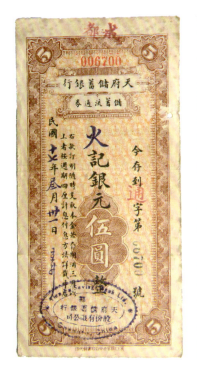 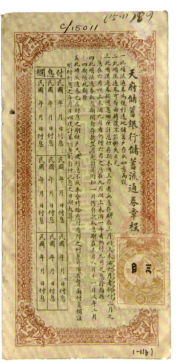

【图141】

成都县地方公益钱券

年代：民国二十二年(1933)

质地：纸

尺寸：长15.70厘米，宽14.30厘米

长方形，竖式。由五张小票组成，每张小票的正面皆呈紫色，背面皆呈绿色。正面分为上中下三个部分，上部有老者喂鸡图和"成都縣地方公益錢券"等文字，中部为期别，下部为"成都縣地方公益券簡章摘要"及期数和发行张数等。"簡章摘要"共六条，排列成十二行，具体内容为："一、本獎券係呈由二十九軍第二師司令部轉呈軍部立/案發行，定名為成都縣地方公益券。/一、本獎券券價收入，除配獎外，餘數提作本縣地方公用；此項獎券交由殷實商號認銷，折扣及繳款日期另/章規定。/一、獎券開簽日期由本所先期酌定通告週知。/一、每期中獎券，凡頭二三四五等及尾獎，於兌/獎時，扣紅獎/百分之五，以五分之二酬經銷商號，其餘三分分別獎勵。/一、每期中獎券兌獎日期，自開簽後五日起，以三個月為限，踰/期作為廢紙。/一、凡中獎號碼，照本所對號單憑券兌獎，概不掛失止兌；如有/毀爛字跡，概不兌獎；改塗號碼者，送縣府究辦。"背面有"中獎應得獎錢數目"等文字。

【图142】

辛亥革命后，四川地区长期陷入军阀割据混战的局面，各个军阀为筹措军费，想尽一切办法搜刮民脂民膏，以地方公益为名发行奖券是其手段之一，这张公益钱券就是这种情况的生动写照。

四川大学博物馆藏品集萃

货币卷

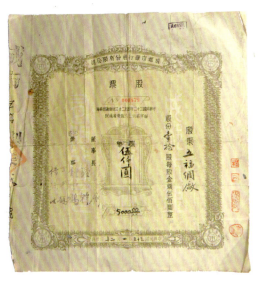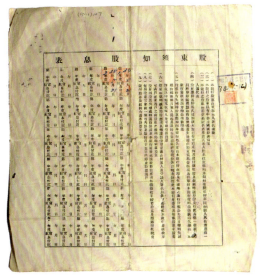

【图143】

成都市银行股份有限公司股份券伍仟圆

年代：民国三十三年（1944）

质地：纸

尺寸：长26.50厘米，宽25.40厘米

正方形，竖式。正面呈浅绿色，有边栏。边栏内，上部有"成都市银行股份有限公司""股票""中华民國三十二年四月二十三日财政部發給银字第六三六號營業執照"等字样；下部中间有一钟形图案，内有"國幣""伍仟圆"字样，其右侧有"股東五福綢廠"和"股份壹拾股每股金额伍佰圓整"两行文字，左侧有董事长、董事签名。边栏底端有"中華民國三十三年一月二十日填發"字样。边栏四角各有一成都市银行标识图案。钟形图案右侧有篆书"成都市银行"暗字底纹，左侧有篆书"股份有限公司"暗字底纹。边栏顶端外盖有一枚长方形"成都市银行"印，右侧外盖有四枚红色印章。背面为白底，中间有一方框，框内右侧为"股東須知"，左侧为"股息表"。"股東須知"共九条，排列成十五行，具体内容为："（一）本銀行股票由董事五人署名填發。／（二）本銀行之股東以有中華民國國籍者為限。／（三）本銀行之股東，如用堂名記名者，應将代表人姓名、住址报明本銀行，變更亦同；如數人共有者，應指一／人為代表。／（四）股東應将其印鑒式樣預送本銀行存查，股東向本銀行領取股息盈利，轉讓股份，及行使其他一切權利，均／以所存印鑒為憑。如有改换或遺失時，應由股東覓取妥保，填具保單，向本銀行聲明改换或遺失緣由，經本／銀行審核无误，方得改换新印鑒。／（五）股票如有失減時，股東應即向本銀行報告，并在本銀行所在地及失減地之通行日報公告三日，聲明失減／理由，經兩個月无人提起异议時，由原股東将登載公告日報全份送交本銀行存查，填具補領股票申請書，／加蓋原印鑒，覓取保人，方可補給新股票。／（六）股東如欲轉讓其股份，應填具轉讓股份申請書，由轉讓人及受讓人署名，加蓋印鑒，送交本銀行審核後，方／可過户。在未過户之前，股東之權利仍屬於原股東。／（七）股東因股票失減或轉讓股份，請求本銀行補發或换發新股票者，每張徵收手續費拾圓及應貼印花稅費。／（八）每屆股東常會前一個月内，股東臨時會十五日内，停止股票過户。／（九）銀行股息及红利，均憑本股票支取。""股息表"处盖有三方红色印文。方框外，右侧盖有"增資股票已發"等印文。

成都市银行是新津人蓝尧衡于1943年创办的一家商业银行。其初衷是为成都中、小规模手工业作坊提供融资便利。1949年底停业。这张股份券既见证了该行初建时的历史，又提供了关于民国晚期成都商业银行运作方式的一些信息，具有一定的历史价值。

旅沪商界同乡经募急赈蓉市水灾募捐券伍仟元

年代：民国三十六年（1947）

质地：纸

尺寸：长16.20厘米，宽7.30厘米

长方形，竖式。纸面呈浅红色，蓝字。正面有一长方形边框，分为上下两栏，上栏印有"明道善"等字样，下栏内有文字五行，从右至左，分别为"旅滬商界同鄉經募急賑蓉市水災/保長/憑票取法幣伍仟元整/經手人/中華民國卅六年國曆八月日發欵"，另有一红色方形印文。方框下端外横书"取欵地點"四字。背面素。

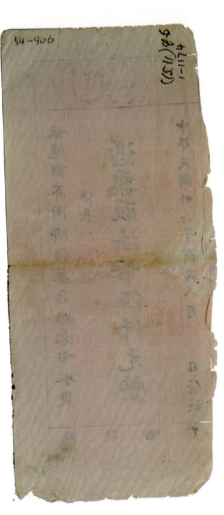

【图144】

1947年，成都发生水灾，为筹集赈灾资金，远在上海的成都商界组织发行了募捐券。这张伍仟元募捐券即其一，它反映了成都人关心、热爱家乡的真切情怀。

【图145】

中央银行本票东北流通券壹亿捌仟萬圆

年代： 民国三十七年（1948）

质地： 纸

尺寸： 长16.90厘米，宽7.40厘米

长方形，竖式。正面呈蓝色，背面呈白色。正面边栏内，上部有横读"中央银行本票"六字；中部从右至左有纵读三行文字，分别为"凭票即付""東北流通券壹億捌仟萬圓整""中華民國三十七年月日"；下部有纵读"中央银行長春分行"及签字、签章等。边栏四角皆有篆书"中央银行"四字。背面素。

1948年9月12日至11月2日，国共双方在东北地区进行了辽沈战役，国民党军队节节败退，东北全境解放。这张超大面额的东北流通券见证了东北地区国民党政权的覆灭及其货币金融体系的崩溃。

中华苏维埃共和国湘赣省革命战争公债券壹圆

年代: 1933年

质地: 纸

尺寸: 长12.06厘米，宽6.62厘米

长方形，横式。面、背皆呈黑色。正面边栏内，上部有横读"中華蘇維埃共和國湘贛省革命戰爭公債券"十八字；中部正中有高塔图，其左右两侧各有一团花图案，团花图案内皆有纵读"壹圓"二字，右边有纸币编号，左边有纵读"公曆一九三三年七月"九字；下部有横读"財政部長譚余保"七字。边栏四角皆有一团花图案，团花图案内皆有"壹"字。背面有黑色墨书纵读"中華蘇維埃共和國湘贛省苏發行第二期革命戰爭短期公債條例"，共计十条十八行，具体内容为："一、湘干省蘇維埃政府為發展革命戰爭，澈底粉碎敵/人四次圍剿，準備與帝國主義直接作戰，爭取革命/戰爭全部勝利起見，特募集第二期公債以充/裕戰費，故定名為第二期革命戰爭公債。/二、本項公債定額為國幣十五萬元。/三、本項公債利率定為週年一分。/四、本項公債券分如下三種如左：（1）五角，（2）一元，（3）五元。/五、本項公債規定一年还本还息，以一九三四年九月一日起為/还本还息時期。/六、本項公債完全得以十足作用的完納一九三四的/商業稅、土地稅等國家租稅，但以繳納一九三四/年上半年租稅者，則無利息。/七、本項公債准許買賣、抵押及代其他種現款的擔保品之用。/八、如有人故意破壞信用，破壞價格者，以破壞蘇維埃與革/命戰爭論罪。/九、本項公債之負經售票及还本付息者，向各級政府/財政部、紅軍經理處等分別辦理。/十、本條例自一九三三年七月一日公佈施行。"条例末有"湘贛省蘇維埃執行委員會主席團"主席譚余保、副主席李端娥、陈珠妹签字。

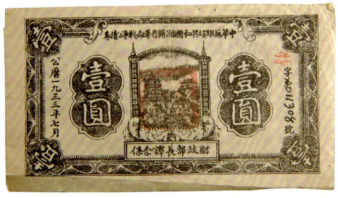

【图146】

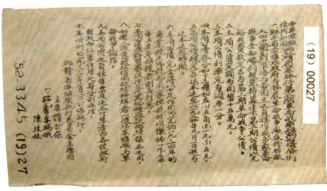

1933年1月，为粉碎国民党对苏区的第四次围剿，筹措物资，更有效地对敌作战，中华苏维埃共和国国家银行湘赣省分行发行了革命战争公债券。这张壹圆券即当时发行的公债券之一，它见证了革命先烈们艰苦卓绝的斗争历史。

【图147】

中华苏维埃共和国伙食钱票五分

年代: 1933年

质地: 纸

尺寸: 长10.62厘米,宽7.34厘米

长方形,横式。正面呈黑色,背面呈红色,面、背皆有边栏。正面边栏内,中部有马克思、恩格斯头像,头像之间有纵读"凭票折發大金洋五分"九字,头像两侧有宣传文字;左边有纪年文字。币面正中盖有中华苏维埃共和国某县财政部红色菱形印文,左右各盖有一方形篆书印文。背面正中有发行说明文字,纵书,分十行排列:"此票/為便利/經濟□□/□□□□,概/各□□□,/作為火食錢開/交使用,/不能當貨/幣兑换/周流。"

注:"□"表示文物上此处有一字模糊不清。

这张伙食钱票是土地革命时期某县苏维埃政府发行的,它既反映了中华苏维埃共和国地方经济建设情况,又记录了基层苏维埃政权的一些情况,具有一定的历史价值。

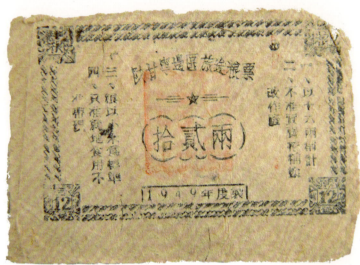

【图148】

陕甘宁边区旅途粮票拾贰两

年代： 1940年

质地： 纸

尺寸： 长8.44厘米，宽5.69厘米

长方形，横式。正面呈蓝色，背面呈白色。正面边栏内，中部上为"陕甘宁边区旅途粮票"九字，中为"拾贰两"三字，下为"1940年度製"；左右两边为发行说明文字，共四条，分六行排列，具体内容为："一、以十六两稱計。/二、不准買賣，挖補、塗/改作廢。/三、粮以小米為標準。/四、只准就地食用，不/准兑現。"边栏左上角、右上角皆有"粮"字，左下角、右下角皆有数字"12"。券面正中盖有一红色方形印文。背面素。

1938年底，抗日战争进入相持阶段，侵华日军对中国共产党领导的各抗日根据地加大了军事进攻和经济封锁的力度，使各抗日据地在物资的供应上遇到了严重困难。在这种情况下，为规范物资的使用，使有限的物资发挥更大的作用，以支持前线的抗日斗争，陕甘宁边区政府发行了旅途粮票。这张拾贰两券正是当时所发行的旅途粮票的一种，它见证了中国人民抗击日本侵略者的艰苦岁月。

陕甘宁边区银行储蓄奖券贰圆

年代：1941年

质地：纸

尺寸：长12.90厘米，宽7.50厘米

长方形，竖式。正面呈褐色，背面呈黑色，面、背皆有边栏。正面边栏内，上部有横读"陕甘宁边区银行"七字；中部有陕北风光图；下部有一团花图案，团花图案内有横读"贰圆"二字。边栏四角皆有一团花图案，团花图案内皆有一字，合起来为"储蓄奖券"四字。背面边栏内，上部为"储蓄奖金等级表"，下部为"储蓄奖券条例"。"储蓄奖券条例"共计五条，分十一行排列，具体内容为："1.开奖日期：民国卅一年一月一日。/2.领奖地点：本行总分支行及/其办事处。/3.本券奖金在开奖后六个月内/领取，过期不得领取奖金。/4.本券开奖日起满一年，凭券到/本行总分支行及其办事处代/办处领回本金。/5.本券如有破损、涂改者作废，本/券概不挂失。"边栏四角皆有一团花图案，团花图案内皆有数字"2"。

【图149】

1941年，国民党掀起反共高潮，对陕甘宁边区实行经济封锁，使边区财政遇到了很大的困难。为应对这一局面，边区银行除了独立发行纸币外，还发行储蓄奖券，鼓励人民到边区银行开展储蓄业务。这张贰圆储蓄奖券见证了这段历史。

第六部分

金银币

　　金银属于贵重金属，天然具有货币的属性。早在春秋战国时期，黄金就已出现在商品流通领域，发挥着货币的功能。白银从汉代起也逐渐开始发挥货币的作用，到唐宋时期在大规模商品交易中作用凸显，明代中期正式成为国家的法定货币。在清末以前，金银属于称量货币，形态多呈饼状或锭状。清末民国时期，受西方货币制度的冲击和影响，我国开始采用机器压制的方式，将金银制作成不同面额的圆饼形状投放到流通领域，这种形状的金银币被称为"金元"和"银元"。四川大学博物馆所藏金银币，大致反映了我国金银货币的发展历程，展现了清末民国时期金银货币形态的发展演变。

"鸿发长"马蹄形银锭

年代：清
质地：银
尺寸：长径5.93厘米，短径4.95厘米，高2.74厘米
重量：362.60克

马蹄形，通体呈黑色。正面内凹，有边郭。正中有一乳钉状凸起；右侧有一长方形印，印文为"鸿發長"三字；侧面及底部满布气孔。

【图150】

　　在我国古代，金银主要是以称量货币的形式来行使货币职能的。明代中期，白银正式成为国家法定货币。先秦时期，银锭称为"版"或"饼"；两汉、六朝沿袭"饼"的名称；唐代称为"饼"和"铤"，白银作为货币的作用日益重要，形状由原来的圆形发展为窄长条形；宋、金时期称"铤""锭""笏"等，多呈束腰银板状；元代改称为"元宝"；明清两代沿袭元代的称呼，但形状发生了很大变化，两头上翘，中间内收，形似马蹄形或船形。这枚马蹄形银锭即是典型的清代银锭，对于研究清代白银货币史具有一定的历史价值。"鸿发长"是制作这枚银锭的商家名。

船形银锭

年代： 清

质地： 银

尺寸： 长5.81厘米，宽3.29厘米，高2.85厘米

重量： 153.00克

船形，通体呈浅黑色。正面内凹，两端高耸，正中有一凹槽，平底。

这是清代船形银锭的典型形状，对于认识我国金银货币形态的演变具有一定的参考价值。

【图151】

四川卢比银币

年代： 清光绪年间(1875—1908)

质地： 银

尺寸： 直径2.24厘米

重量： 6.00克

圆板形，通体呈浅黑色。面、背皆有齿缘。正面有光绪皇帝头像，背面正中有对读"四川省造"四字，文字外环绕缠枝纹。

19世纪下半叶，英国殖民主义者吞并印度后，在印度铸造印度卢比，并将其源源不断地输入我国西藏地区，加紧对我国西南边疆地区的经济渗透，严重破坏了当地的金融秩序。为应对这一局面，维护国家主权，光绪年间，清政府根据印度卢比的形状、重量，在成都铸造了与之相近的铜、银币，投放到西藏地区，稳定了当地的金融秩序。这种铜、银币将印度卢比上的英国女王头像换成了光绪皇帝头像，加上了汉字和具有中国特色的缠枝纹图案，人们习惯上称之为"四川卢比"。四川大学博物馆所藏这枚四川卢比银币即是这一时期的历史遗留物，它见证了近代中国人民反抗西方列强侵略、维护国家主权的英勇斗争。

【图152】

四川大学博物馆藏品集萃

货币卷

【图153】

光绪元宝库平三分六厘银币

年代： 清光绪年间(1875—1908)

质地： 银

尺寸： 直径1.58厘米

重量： 1.30克

圆板形，通体呈浅黑色。面、背皆有齿缘。正面以一圈联珠纹为界分为内外两区，内区正中有满文"光绪元寶"四字，其外有汉文对读"光緒元寶"四字；外区上部有"四川省造"四字，下部有"库平三分六釐"六字。背面亦分为内外两区，内区为蟠龙图；外区上部有英文"SZE CHUAN PROVINCE"，下部有英文面值"3.6 CANDAREENS"。

　　光绪年间，受西方货币制度的影响，清政府开始模仿西方金属铸币，大规模采用机器制作金、银、铜币。这枚光绪元宝库平三分六厘银币就是这种情况的反映。它的面文"光绪元宝"反映了中国铜钱制度的影响和残留，而其形状和背面的英文则代表了西方货币制度对中国近代货币制度的深刻影响，可以说它是中国近代货币体系半殖民半封建社会性质的真切体现。

四川军政府四川银币五角

年代: 民国元年(1912)

质地: 银

尺寸: 直径3.3厘米

重量: 12.60克

圆板形,通体呈白色。面、背皆有齿缘。正面以一圈联珠纹为界分为内外两区,内区正中有一芙蓉花图案,其外有对读"四川银币"四字;外区上部有"军政府造"四字,下部有面值"五角"二字。背面以一圈圆圈纹为界分为内外两区,内区正中为一篆书"汉"字,外区上部有"中华民国元年"六字。

【图154】

辛亥革命后,四川成立了军政府。为建立新的货币体系,稳定货币流通市场,军政府发行了纸币、银币、铜币等新的货币,取代清政府发行的旧货币。这枚五角银币即当时发行的一种新的货币。它见证了四川地区的保路运动和辛亥革命,反映了四川军政府的货币政策,对于研究这段历史具有重要的价值。

【图155】

中华元宝库平一钱四分四厘银币

年代： 民国初年
质地： 银
尺寸： 直径2.35厘米
重量： 5.20克

圆板形，通体呈浅灰色。面、背皆有齿缘。正面以一圈联珠纹为界分为内外两区，内区正中有一太阳纹饰，其外有对读"中華元寶"四字；外区上部有"福建银币廠造"六字，下部有"庫平一錢四分四釐"八字。背面亦分为内外两区，内区为三面旗帜图案，外区上部有英文"MADE IN FOO-KIEN MINT"，下部有英文面值"1 MACE AND 44 CANDAREENS"。

　　中华民国建立以后，在货币政策上沿袭了清政府的许多做法，特别是在金属铸币方面，除逐步废除铜钱外，仍继续铸行铜币、银币。这些铜币、银币，除了币面上的文字略有不同外，几乎就是清代铜币、银币的翻版。这枚中华元宝就与上文介绍的光绪元宝非常相似，从实物的角度印证了民国对清朝货币制度的沿袭。

袁世凯洪宪纪念银币

年代：民国五年（1916）

质地：银

尺寸：直径3.89厘米

重量：25.19克

圆板形，通体呈灰色。面、背皆有齿缘。正面有袁世凯半身像。背面分为内外两区，内区为一翼龙图案，外区上部有"中华帝国"四字，下部有"洪宪纪元"四字。

【图156】

辛亥革命后，袁世凯篡夺革命胜利果实，成为中华民国总统，但他并不满足于此，企图推翻共和制，复辟帝制。1916年，袁世凯逆历史潮流而动，改国号为"中华帝国"，定年号为"洪宪"，宣布登基成为皇帝，激起全国人民的强烈反对。在一片反对声中，他被迫取消帝制，恢复共和，并在孤独中死去。这枚纪念银币即当时为"庆贺"袁世凯登基称帝所制，它见证了这幕复辟帝制的历史丑剧。

唐继尧拥护共和纪念银币

年代： 民国五年（1916）

质地： 银

尺寸： 直径3.30厘米

重量： 13.00克

圆板形，通体呈浅灰色。面、背皆有齿缘，皆以一圈联珠纹为界分为内外两区。正面内区有双旗图；外区上部有"拥护共和纪念"六字，下部有"库平三钱六分"六字。背面内区为唐继尧头像；外区上部有"军务院抚军长唐"七字，下部有双穗图案。

【图157】

　　唐继尧，云南会泽人，民国早期的著名政治人物、云南军阀。早年曾加入同盟会。1913年被袁世凯任命为云南都督。袁世凯复辟帝制的图谋暴露后，他迫于全国反袁斗争的形势，于1915年冬迎接蔡锷等到昆明，组建护国军，讨伐袁世凯。1916年，滇、黔、粤、桂、浙五省联合成立军务院，唐继尧出任军务院抚军长。反袁成功后，唐继尧攫取胜利果实。这枚纪念银币就是这一时期铸造的，它见证了民国早年的政治风云，以及唐继尧贪天之功为己有的历史事实。

【图158】

张作霖大帅纪念银币

年代： 民国十七年（1928）

质地： 银

尺寸： 直径3.97厘米

重量： 25.80克

圆板形，通体呈浅灰色。面、背皆有齿缘。正面顶端有"大元帅纪念币"六字，其下有张作霖半身正面像。背面分为内外两区，内区为双旗图案；外区上部有"中华民国十七年"七字，下部有英文面值"ONE DOLLAR"。

张作霖，民国早期的著名军阀，掌控东北军政二十余年，号称"东北王"，1928年6月3日在皇姑屯被日军炸死。其子张学良继承东北军政大权后，为维护国家统一，宣布改旗易帜，归顺南京国民政府。为纪念这一事件，同时纪念其父，特别发行了一批纪念银币，这枚银币即是其中之一。它见证了张学良改旗易帜的历史事件，反映了民国早期风云变幻的政治形势。

孙中山头像开国纪念银币

年代： 民国

质地： 银

尺寸： 直径2.30厘米

重量： 5.00克

圆板形，通体呈浅灰色。面、背皆有齿缘。正面以一圈联珠纹为界分为内外两区，内区为双旗图；外区上部有"中華民國"四字，中部有花卉图案，下部有"開國紀念幣"五字。背面亦分为内外两区，内区为孙中山侧面头像；外区上部有英文"MEMENTO"，下部有英文"BIRTH OF REPUBLIC OF CHINA"。

【图159】

　　孙中山是中国民主革命的先行者，他领导辛亥革命，推翻封建帝制，创建了中华民国，使民主、共和的观念深入人心。1924年，他在共产国际和中国共产党的帮助下，改组国民党，提出了"联俄、联共、扶助农工"三大政策，将旧三民主义发展为新三民主义，推动中国革命深入发展。为纪念孙中山的开国之功，中华民国政府铸行了一批有孙中山头像的纪念银币，这枚银币即为其一。

"还我河山" 纪念银币

年代： 民国三十年(1941)

质地： 银

尺寸： 直径2.72厘米

重量： 7.10克

圆板形，通体呈浅黑色。正面有三层齿状外缘，背面是重轮。正面顶端有国民党党徽，其下有中华民国全国地图，地图上有草书"還我河山"四字。背面以一圈凸弦纹为界分为内外两区，内区有三个烟囱图案；外区上部有篆书"中央造幣廠四明分廠週年紀念"字样，中部有飞机图案，下部有"民國三十年元旦"七字。

【图160】

1941年，抗日战争已进入相持阶段，日本帝国主义从军事、政治诸方面入手，试图诱降以蒋介石为首的国民党政府。为打消社会舆论的疑虑，国民党政府通过各种宣传渠道向世人表明坚持抗战的意愿。这枚银币反映的就是这种情况。

【图161】

美国2.5美元金币

年代： 1913年

质地： 金

尺寸： 直径1.78厘米

重量： 4.20克

圆板形，通体呈金黄色。面、背边缘光滑。正面正中有一只鹰，双足踏在树枝上，其上有英文美国国名"UNITED STATES OF AMERICA"，其右有英文"IN GOD WE TRUST"，其左有英文"E PLURIBUS UNUM"，其下有英文面值"2 1/2 DOLLARS"。背面正中有一印第安男子侧面头像，其上有英文"LIBERTY"，其右有七个五角星，其左有六个五角星，其下有数字"1913"。

　　印第安人是美洲土著居民，4万年前起就在这片大陆上繁衍生息。西方殖民主义者来到美洲后，视其为"野蛮民族"，或予以屠杀，或驱赶到荒凉贫瘠的保留地隔离起来。美国建立以后，延续了西方殖民主义者的做法，继续实行歧视印第安人的政策。直到19世纪末20世纪初，这种情况才稍有改变，印第安人的基本权利开始得到一定程度的重视。这枚铸造于1913年的美国金币，背面出现了印第安人形象，在一定程度上反映了这一时期美国民族政策的变化。

第七部分

铜币

清代以前，我国金属铸币主要是铜钱，外圆内方是其典型形态，与西方圆饼无孔的金属铸币形态迥异。从清代晚期开始，在西方货币制度的冲击和影响下，我国也开始效仿西方，采用西式机器，制作圆饼无孔的钱币，这种钱币被称为"铜元"。民国时期沿袭了这一做法。

四川大学博物馆所藏铜币，清晰地反映了清末民国时期我国铜质货币形态的这一变化；而其所藏外国铜币则展现了19世纪、20世纪上半叶多姿多彩的世界硬币文化。

道光宝藏铜币

年代： 清道光元年（1821）

质地： 铜

尺寸： 直径2.80厘米

重量： 7.50克

圆板形，通体呈红褐色。面、背皆有细窄的外郭，皆以一圈凸弦纹为界分为内外两区。正面内区有对读"道光宝藏"四字及四个云形图案，外区有一圈联珠纹和"元年"二字。背面内区有藏文"道光宝藏"四字，外区有一圈联珠纹和藏文"元年"二字。

【图162】

乾隆五十六年（1791），乾隆帝派遣军队将入侵的廓尔喀（今尼泊尔）军队驱除出西藏地区后，鉴于该地区以往流通廓尔喀货币所带来的一些严重弊病已影响到国家货币的统一和流通，于是在西藏建立钱法，设置宝藏局，铸造金属货币。这一政策为后来清朝历代皇帝所沿袭。这枚道光宝藏铜币即为道光元年（1821）所铸，它对于了解清代西藏地区货币史，研究我国古代边疆史，均具有重要的历史意义。

四川大学博物馆藏品集萃

货币卷

光绪元宝当十铜币

年代：清光绪年间（1875—1908）
质地：铜
尺寸：直径2.80厘米
重量：7.00克

圆板形，通体呈暗红色。面、背皆有齿缘。正面以一圈联珠纹为界分为内外两区，内区有对读"光绪元寳"四字，正中有一花卉图案；外区上部有"湖北省造"四字，中部有满文"寳武"二字，下部有"当十"二字。背面分为内外两区，内区有水龙图，外区有英文"HU-PEN PROVINCE"和"TEN CASH"。

这枚铜元同上文提到的清代银元一样，也是清代晚期大规模仿制西方金属铸币的产物，见证了我国货币制度在19世纪末20世纪初的变迁。从币面文字"光緒元寳"和"寳武"来看，它带有一些旧式铜钱的特征，而从外形和背面英文来看，它又具有新时代的特色，反映了旧币制向新币制的过渡。

【图163】

光绪大清铜币当制钱十文

【图164】

年代：清光绪三十二年（1906）
质地：铜
尺寸：直径2.85厘米
重量：7.40克

圆板形，通体呈暗红色。面、背皆有齿缘。正面以一圈联珠纹为界分为内外两区，内区正中有一阴文"川"字，其外有对读"大清銅幣"四字；外区上部有满文"大清銅幣"字样，满文左右各有一汉字，合起来为"丙午"二字，中部有"户部"二字，下部有"當制錢十文"五字。背面亦以一圈联珠纹为界分为内外两区，内区为大清龙图，外区为阳文"光緒年造"及英文"TAI-CHING-TI-KUO COPPER COIN"。

清代铜元从面文区分，大体有"光绪元宝""光绪通宝""宣统元宝"和"大清铜币"四大类，这枚铜元属于第四类。

光绪通宝零用一文铜币

年代：清光绪年间（1875—1908）

质地：铜

尺寸：直径1.53厘米

重量：1.10克

圆板形，通体呈黄褐色。面、背皆有细缘。正面以一圈联珠纹为界分为内外两区，内区有对读"光绪通宝"四字，外区有双龙戏珠纹。背面中间有纵读"零用一文"四字，其左右各有一字，合起来为"北洋"二字。

清朝晚期称沿海各省为"洋"，河北一带即为"北洋"。北洋政治势力始于李鸿章，成于袁世凯，是清末一支重要的政治力量，对清末和民国早期的中国政治格局影响很大。北洋银元局是清末设在天津的一家造币厂，为北洋集团所控制。这枚一文铜币即为该局所铸，它在一定程度上反映了北洋集团的崛起。

【图165】

宣统元宝当红钱十文铜币

年代：清宣统三年(1911)

质地：红铜

尺寸：直径3.40厘米

重量：16.70克

圆板形，通体呈暗红色。面、背皆有齿缘。正面以一圈联珠纹为界分为内外两区，内区有对读"宣统元宝"四字，正中有一花卉图案；外区上部有"新疆通用"四字，下部有"当红钱十文"五字。背面分为内外两区，内区有蟠龙图，外区上部有"辛亥年造"四字。

【图166】

自乾隆皇帝统一新疆，并在该地区铸行铜钱后，该地区一直流通红铜铸造的铜钱（俗称"红钱"）。清末币制改革之风也吹到了该地区，为适应当地的货币流通习惯，用红铜铸行了可以与"红钱"兑换的铜元，只限于该地区流通。这枚铜元见证了新疆地区货币政策的这一变化。

湖南铜元当十铜币

年代： 民国元年（1912）

质地： 铜

尺寸： 直径2.80厘米

重量： 7.00克

圆板形，通体呈褐色。面、背皆有齿缘，皆以一圈联珠纹为界分为内外两区。正面内区有对读"湖南铜元"四字；外区上部有"中华民国"四字，下部有"当十"二字。背面内区有一个九角星图案，外区有英文"HU-NAN"和面值"TEN CASH"。

1911年辛亥革命爆发后，南方许多省份宣布脱离清王朝而独立，湖南是其中之一，在革命党人焦达峰和立宪派谭延闿的领导下建立了军政府，铸行货币，以取代清王朝的旧货币。这枚当十铜元即为当时军政府所铸，它见证了湖南地区的辛亥革命运动。

马兰铜币

年代：民国

质地：铜

尺寸：直径2.35厘米

重量：5.40克

圆板形，通体呈黄褐色。面、背皆有齿缘。正面有一马作回首蜷伏状，背面有兰花图案。

民国早中期，四川地区陷入了军阀割据混战的局面，货币的铸造、流通也随之呈现出混乱不堪的状况，以至大量无面额的金属铸币也被铸造出来，并进入流通领域。所谓的"马兰币"就是其中的一种。这是一种面、背只有骏马和兰花、菊花、梅花等精美图案的铜币，因骏马和兰花图案最为常见，故俗称之为"马兰币"。四川大学博物馆所藏这枚马兰铜币具有"马兰币"的典型特征，对于了解这段时期四川货币流通状况具有一定的历史价值。

【图168】

洪宪"开国纪念"当十铜元

【图169】

年代：民国五年(1916)

质地：铜

尺寸：直径2.80厘米

重量：6.00克

圆板形，通体呈黄色。面、背皆有齿缘，皆以一圈凸弦纹为界分为内外两区。正面内区中间有纵读"当十铜元"四字，文字两侧各有一菊花图案；外区上部有"洪宪元年"四字，中部有"湖南"二字，下部有"開國紀念幣"五字。背面内区正中有一麦穗图案，外区有英文"THE FIRST YEAR OF HUNG SHUAN"和面值"TEN CASH"。

1916年，袁世凯导演复辟帝制的丑剧，改国号为"中华帝国"，年号"洪宪"。各地附翼袁氏的官僚政客、武夫文人等纷纷表示拥护，袁氏的忠实走狗、湖南将军汤芗名甚至在湖南铸造纪念币以示"庆贺"。这枚铜币即为汤氏所铸，它见证了袁世凯复辟帝制的这幕历史丑剧。

年代：民国十一年（1922）

质地：铜

尺寸：直径3.25厘米

重量：10.30克

圆板形，通体呈褐色。面、背皆有齿缘，皆以一圈联珠纹为界分为内外两区。正面内区有双穗纹，其间有一八卦卦象；外区上部有"湖南省宪成立纪念"八字，中部有"当廿"二字，下部有"中華民國十一年一月"九字。背面内区有双旗图案；外区上部有英文"THE REPUBLIC OF CHINA"，下部有英文面值"TWENTY CASH"。

【图170】

　　1920年，湖南军阀谭延闿为驱逐境内北洋军阀势力，以湖南自治为名，推动所谓"湖南省宪法"的制定，企图以此巩固自己的政治势力。1922年1月1日，临时省长赵恒惕公布了这部所谓的"宪法"。为"庆祝"这一事件，湖南造币厂铸造了一批"省宪成立纪念"铜币、银币。北伐战争时期，这批纪念币多被唐生智下令回收销毁。这枚有幸留存下来的当廿铜币，以实物的方式记录了这次湖南"省宪"运动，对于研究湖南近代史具有重要的历史价值。

四川当一百文铜币

年代: 民国十五年（1926）

质地: 铜

尺寸: 直径2.90厘米

重量: 7.10克

圆板形, 通体呈黄褐色。正面有细缘, 背面是重轮。正面以一圈凸弦纹为界分为内外两区, 内区正中有一"川"字; 外区上部有"中华民国十五年"七字, 中部有"边铸"二字, 下部有"每枚当一百文"六字。背面有纵读篆文四行, 具体内容为"生活/过高, 地方/请求铸此/平价"。

民国早中期, 四川地区陷入军阀割据混战局面, 大小军阀纷纷把持当地经济, 根据各自所需寻找理由, 随意发行货币。这枚铜元背面的铭文真实地反映了这种情况。

【图171】

伪冀东政府壹分铜币

年代: 民国二十六年（1937）

质地: 铜

尺寸: 直径2.30厘米

重量: 4.90克

圆板形, 通体呈褐色。面、背皆有齿缘。正面有双穗纹, 其间有纵读"壹分"二字。背面以一圈联珠纹为界分为内外两区, 内区有四排五角星等纹饰; 外区上部有"冀东政府"四字, 下部有"中华民国二十六年"八字。

【图172】

日本帝国主义发动九·一八事变, 出兵侵占我国东北地区后, 随即将魔爪伸向了华北地区, 拉拢一些民族败类, 策划所谓的"华北自治运动"。1935年11月25日, 无耻政客殷汝耕响应日本侵略者的召唤, 在河北通县（今北京通州）成立了伪冀东防共自治政府, 发行货币, 积极配合日本帝国主义对我国进行军事、经济侵略。这枚壹分铜币就是伪冀东防共自治政府所发行的众多货币之一, 是日本帝国主义侵略我国的历史见证, 是殷汝耕甘当汉奸、背叛国家、出卖民族利益的历史罪证。

川陕省苏维埃二百文铜币

年代：1934年

质地：铜

尺寸：直径2.85厘米

重量：重9.50克

圆板形，通体呈褐色。面、背皆有细缘。正面以一圈凸弦纹为界分为内外两区，内区有数字"200"；外区上部有"川陕省蘇維埃"六字，中部有"銅幣"二字，下部有"二百文"三字。背面正中有一个五角星，内有镰刀斧头图案，五角星外有"赤化全川"四字和数字"1934"，其中数字"4"反书。

红四方面军进入陕南和川北地区后，为加强根据地的经济建设，冲破经济封锁，在根据地发行货币。货币种类较多，有纸币、银币、布币和铜币等。这枚铜币即为当年川陕革命根据地所铸。从文字来看，它不仅具有货币的功能，还有政治宣传的作用，反映出红军对政治宣传的重视以及宣传方式的灵活多样。

【图173】

中华苏维埃共和国五分铜币

年代：1930—1935年

质地：铜

尺寸：直径2.67厘米

重量：7.00克

圆板形，通体呈褐色。面、背皆有齿缘。正面有双穗图，其间上有一五角星，下有横读"五分"二字。背面以一圈联珠纹为界分为内外两区，内区有镰刀斧头图案；外区上部有"中華蘇維埃共和國"八字，中部有两个五角星，下部有"每式拾枚當國幣壹圓"九字。

中华苏维埃共和国成立后，国家银行在中央苏区发行纸币、银币、铜币等货币。这枚五分铜币即为当时所发行的货币的一种。它对于了解中央苏区货币的发行、构成和管理，都具有一定的历史意义。

【图174】

青蚨诗文铜币

年代：民国

质地：铜

尺寸：直径2.60厘米

重量：5.60克

圆板形，通体呈褐色。面、背皆有齿缘。正面正中有一圈联珠纹，其右有一飞翔的昆虫，其左有行书"青蚨飛去復飛来"七字。背面有一株盛开的花卉。

【图175】

青蚨是传说中生活在南方的一种昆虫。据说，把母青蚨的卵拿走，它会不远千里地飞来。于是古人就附会此说，把母青蚨的血涂抹在一些钱币上，制成所谓的"母钱"；将虫卵或子青蚨的血涂抹在另外一些钱币上，制成所谓的"子钱"。每次购买东西时用"母钱"或"子钱"，用掉的钱都会再飞回来，这样一直循环下去，钱永远都用不完。这个传说一直流传到了民国时期。这是货币崇拜观念的一种反映。这枚青蚨诗文铜币就是民国时期货币崇拜观念的反映。

【图176】

西藏五钱铜币

年代： 1951年

质地： 铜

尺寸： 直径2.90厘米

重量： 8.40克

圆板形，通体呈褐色。面、背皆有细缘。正面以一圈凸弦纹为界分为内外两区，内区有藏文，意为"第16饶迥第24年"；外区分为八格，每格形似佛龛，内中皆有一藏文，合起来意为"天授噶丹颇章"。背面有雪山、雪狮图。

　　1951年，西藏地区和平解放，根据中央人民政府和西藏地方政府签订的《关于和平解放西藏办法的协议》，在一定时期内，西藏地方政府仍然可以依照旧制铸造地方货币。这枚五钱铜币即反映了这一历史情况。铜币背面的藏文"噶丹颇章"即指西藏地方政府"噶厦"。

俄罗斯2戈比铜币

年代： 1829年

质地： 铜

尺寸： 直径2.89厘米

重量： 13.20克

圆板形，通体呈褐色。面、背皆有齿缘。正面有双穗图，其间有俄文面值，上端有一王冠。背面正中有一双头鹰，展翅，头戴王冠，下端有数字"1829"。

【图177】

俄罗斯是欧洲一个古老的文明国家，其雏形为15世纪的莫斯科公国。经过彼得大帝和叶卡捷琳娜女皇的大力发展，俄罗斯发展为横跨欧亚大陆的庞大帝国，中央集权的专制主义皇权进一步加强，社会矛盾日益加剧。为缓和社会危机，沙皇尼古拉一世登基后，进行了有限的改革，沙皇的独裁统治依然如旧。这枚2戈比铜币即为沙皇尼古拉一世在位时所铸，背面的双头鹰和王冠是其典型的象征，对于了解当时俄罗斯的政治面貌具有一定的历史价值。

（四川大学博物馆收藏的众多货币中，除大量为中国历代货币外，还有一部分是外国货币。从这里开始介绍其中的一部分。）

英国东印度公司半安那铜币

年代： 1835年

质地： 铜

尺寸： 直径3.06厘米

重量： 2.30克

圆板形，通体呈褐色。面、背皆有细缘。正面有双穗纹，其间有英文面值"HALF ANNA"，外有英文
"EAST INDIA COMPANY"。背面有双狮、皇冠图案及数字"1835"。

【图178】

18世纪初，印度的莫卧儿王朝衰落，英国东印度公司乘机进入印度，建立殖民点。到18世纪中期，印度
全境几乎为东印度公司占领。为巩固统治，该公司在军事上严厉镇压印度人民的反抗活动，在经济上发行货
币，建立殖民货币体系，废除印度原有的货币制度，最终使印度彻底沦为英国的殖民地，1858年后该地区为
英国直接统治。这枚东印度公司1835年铸行的铜币，见证了印度沦为英国殖民地的历史过程。

荷属东印度2.5分铜币

年代： 1857年

质地： 铜

尺寸： 直径3.09厘米

重量： 11.80克

圆板形，通体呈褐色。面、背皆有齿缘，皆以一圈联珠纹为界分为内外两区。正面内区为一王冠图案和数字"1857"，外区为荷兰文"NEDERLANDSCH INDIE"和"2 1/2 CENT"。背面内区有阿拉伯文，外区亦有外文。

【图179】

荷属东印度即今印度尼西亚。荷兰殖民者17世纪时就已深入远东地区，到18世纪，占领了印度尼西亚大部。这枚铜币反映了荷兰殖民者在该地区的殖民活动。

意大利10分铜币

年代： 1866年

质地： 铜

尺寸： 直径3.00厘米

重量： 9.70克

圆板形，通体呈褐色。面、背皆有齿缘。正面有双穗纹，其间有面值"10 CENTESIMI"和年份"1866"。背面正中有一头像，其外有一周意大利文"VITTORIO EMANUELE II RE D' ITALIA"。

【图180】

19世纪上半叶，意大利半岛爆发统一运动。1861年，第一届全意大利议会召开，宣布成立意大利王国。1871年1月，随着罗马的收复，意大利彻底完成了统一大业。这枚铸造于1866年的10分铜币，背面的意大利文就是意大利王国首任国王维克托·伊曼纽尔二世之名，可以说它见证了意大利的统一进程。

英占香港一千铜币

年代： 1866年

质地： 铜

尺寸： 直径1.55厘米

重量： 1.00克

圆形圆穿，通体呈褐色。面、背皆有细缘。正面穿外有一方框，框外有对读"香港一千"四字。背面穿外亦有一方框，框上有一皇冠图案，下有英文"VR"，沿着边缘有一周英文"HONG-KONG"、数字"1866"和面值"ONE MIL"。

1840年，英国发动第一次鸦片战争，1842年迫使清王朝签订《南京条约》等一系列不平等条约，侵占我国固有领土香港，随即从政治、军事、经济、文化诸方面在该地建立起殖民统治。这枚香港一千（仙）铜币即是英国对香港实行殖民统治的历史见证。

【图181】

卢森堡10分铜币

年代： 1870年

质地： 铜

尺寸： 直径3.10厘米

重量： 9.90克

圆板形，通体呈褐色。面、背皆有齿缘。正面有双枝叶纹，其间有外文"10 CENTIMES"和数字"1870"。背面以一圈联珠纹为界分为内外两区，内区为王冠、狮子图案，外区有外文"GRAND DUCHE DE LUXEM BOURG"等。

卢森堡是欧洲的一个公国，具有悠久的历史，10世纪时是神圣罗马帝国阿登伯爵的自治领地，1354年升格为大公国，一直延续至今。这枚10分铜币见证了卢森堡悠久的历史。

【图182】

德国2芬尼铜币

年代： 1874年

质地： 铜

尺寸： 直径2.00厘米

重量： 3.20克

圆板形，通体呈褐色。面、背皆有细缘。正面正中有数字"2"，其外有德文"DEUTSCHES REICH""PFENNIG"和数字"1874"。背面有一只鹰，头戴王冠，双翅展开。

1871年，普鲁士王国统一了德意志各邦，建立了德意志帝国，使德国很快完成了向资本主义的过渡，发展为帝国主义国家。这枚铸造于1874年的2芬尼铜币，反映了德国初建时的一些历史情况。

【图183】

【图184】

葡萄牙10瑞斯铜币

年代： 1883年

质地： 铜

尺寸： 直径3.02厘米

重量： 11.20克

圆板形，通体呈褐色。面、背皆有齿缘。正面有双枝叶纹，其间有外文"X X REIS"和数字"1883"。背面正中有一男性侧面头像，其外有一圈外文"D·LUIZ·I·REI·DE·PORTUGAL"。

葡萄牙是西欧一个历史悠久的国家，早在12世纪初就已建立，1910年改制为共和国。这枚铸造于1883年的铜币，见证了葡萄牙王国的最后岁月。

英属婆罗洲洋元一分铜币

年代： 1888年

质地： 铜

尺寸： 直径2.90厘米

重量： 8.80克

圆板形，通体呈褐色。面、背皆有齿缘。正面有双穗纹，其间有纵读中文"洋元一分"四字和英文面值"ONE CENT"，近缘有英文"BRITISH NORTH BORNEO Co"。背面有水、船、人物和旗帜等纹饰。

　　婆罗洲即加里曼丹岛，位于东南亚马来群岛中部，19世纪七八十年代被英国殖民者占领，成为英国的殖民地。这枚一分铜币即当时的英国殖民者所铸。因当地有不少华人，故币面上有中文面值。这既见证了英国对东南亚的殖民统治，又反映了东南亚华人的一些历史情况，具有重要的研究价值。

【图185】

【图186】

英国一便士铜币

年代： 1898年

质地： 铜

尺寸： 直径3.07厘米

重量： 8.90克

圆板形，通体呈褐色。面、背皆有齿缘。正面正中有武士坐像，左手持叉，右手持盾，其外侧有英文面值"ONE PENNY"和数字"1898"。背面正中有英国女王维多利亚的侧面头像，其外侧有一圈英文"VICTORIA·DEI·GRA·BRITT·REGINA·FID·DEF·IND·IMP"。

　　维多利亚女王时代，是英国人最为怀念的时代。这一时期，英国的发展进入鼎盛时期，建立起了庞大的殖民帝国，号称"日不落帝国"。这枚1898年铸造的铜币，见证了英国人的这一辉煌时代。

美国一美分铜币

年代：1901年

质地：铜

尺寸：直径1.90厘米

重量：3.00克

圆板形，通体呈褐色。面、背皆有齿缘。正面有双穗纹，其间有英文面值"ONE CENT"。背面正中为一印第安人头像，头像外侧环绕英文"UNITED STATES OF AMERICA"和数字"1901"。

【图187】

这枚铜币和前面介绍的美国2.5美元金币（图161）一样，反映了美国民族政策在19世纪末20世纪初的一些变化。

【图188】

朝鲜五分铜币

年代：朝鲜光武六年（1902）

质地：铜

尺寸：直径2.80厘米

重量：7.10克

圆板形，通体呈黑褐色。面、背皆有齿缘。正面有双枝叶纹，其间上有一花朵，下有汉文"五分"二字。背面以一圈联珠纹为界分为内外两区，内区为龙纹；外区上部有英文面值"5 FUN"和韩文面值，下部有中文"大韩光武六年"六字。

1895年中日甲午海战后，朝鲜王朝被日本全面控制，沦为日本的保护国。1897年，在日本的主导下，朝鲜王朝改国号为"大韩帝国"，改年号为"光武"，对原朝鲜王朝的军事、经济、教育等制度进行改革。1910年朝鲜被日本正式吞并，成为其殖民地和侵华的跳板。这枚五分铜币为朝鲜王朝灭亡前夕所铸，是"大韩帝国"经济改革的实物见证；同时，它也见证了日本逐步吞并朝鲜的历史。

斯里兰卡一分铜币

年代： 1912年

质地： 铜

尺寸： 直径2.23厘米

重量： 4.60克

圆板形，通体呈褐色。面、背皆有齿缘。正面以一圈凸弦纹为界分为内外两区，内区正中有一椰树图，其左右皆有斯里兰卡文，外区有英文"CEYLON ONE CENT"和数字"1912"。背面正中有英国国王乔治五世头像，其外有英文"GEORGE V KING AND EMPEROR OF INDIA"。

【图189】

斯里兰卡，古称"狮子国"，旧称"锡兰"，是一个古老的南亚国家，19世纪逐渐沦为英国的殖民地。这枚铜币正面有英文面值，背面有英国国王乔治五世头像，具有浓厚的英国殖民色彩，反映了英国对斯里兰卡的殖民统治。

法国50分铜币

年代: 1922年

质地: 铜

尺寸: 直径1.80厘米

重量: 1.90克

圆板形,通体呈暗黄色。面、背皆有齿缘。正面以一圈凸弦纹为界分为内外两区,内区有法文"BON POUR"和面值"50 CENTIMES",外区有法文"CHAMBPES·DE·COMMERCE·DE·FRANCE"。背面正中有一侧面坐立人像,其外有法文"COMMERCE INDUSTRIE"和数字"1922"。

【图190】

法国是第一次世界大战的主要参战国之一,虽然最终获得了胜利,但也付出了惨重的代价,经济遭到了严重破坏,生产减少一半,农村劳动力匮乏,财政出现赤字,物价上涨,通货膨胀严重。恢复和发展经济成为战后法国的一项重要任务。这枚1922年铸造的50分铜币,反映了战后法国在发展经济、稳定货币流通秩序方面所做的努力。

加拿大一分铜币

年代： 1931年

质地： 铜

尺寸： 直径1.90厘米

重量： 3.20克

圆板形，通体呈褐色。面、背皆有细缘。正面正中有英文面值"ONE CENT"，其左右两侧各有一片枫叶，下有数字"1931"，近缘有英文"CANADA"。背面正中有英国国王乔治五世的侧面头像，其外有英文"GEORCIVS V DEI GRA：REXET IND：IMP"。

加拿大原为英国北美殖民地的一部分，19世纪下半叶获得自治领地位，20世纪上半叶获得独立地位，但仍然是英联邦成员国，仍以英王为国家的象征元首。这枚铸行于1931年的一分铜币，正面有加拿大的国家象征枫叶，背面有英国国王乔治五世的头像，反映了20世纪上半叶加拿大的这种政治特点。

【图191】

苏联2戈比铜币

年代： 1935年

质地： 铜

尺寸： 直径1.80厘米

重量： 2.00克

圆板形，通体呈黄褐色。面、背皆有细缘。正面有双穗纹，其间有俄文面值、数字"2"以及年份"1935"。背面以一圈凸弦纹为界分为内外两区，内区有双穗纹，其间上有五角星，下有地球和镰刀斧头图案；外区有一圈俄文。

1917年十月革命爆发后，沙皇俄国的统治被推翻，苏联随之建立，并成为世界无产阶级革命的中心。这枚2戈比铜币背面的五角星和镰刀斧头图案具有浓厚的意识形态色彩，而地球图案则反映了当时苏联世界革命中心的地位。

【图192】

法属印度支那半分铜币

年代： 1936年

质地： 铜

尺寸： 直径2.10厘米

重量： 3.90克

圆形圆穿，通体呈褐色。面、背皆有齿缘。正面穿上有法文"INDOCHINE FRANCAISE"，穿左右两侧有法文面值"1/2 CENT"和双稻穗图，穿下有数字"1936"。背面穿上有一头像，穿左右有"R""F"两个字母，沿着边缘有双枝叶纹。

【图193】

法国是一个老牌资本主义国家，同英国一样，也曾四处进行殖民扩张。19世纪下半叶，法属印度支那殖民地建立，其领地包括今越南、老挝、柬埔寨三国。法国对该地区的殖民统治，直到20世纪60年代才被东南亚的民族独立解放运动彻底推翻。这枚半分铜币见证了法国对东南亚的殖民历史。

日本祝圣寿纪念铜币

【图194】

年代： 20世纪上半叶
质地： 铜
尺寸： 直径1.54厘米
重量： 2.00克

圆板形，通体呈褐色。面、背皆有齿缘，上部边缘有一小穿孔。正面上有双条形旗帜，下有樱花图案，其间有行书中文"祝聖壽萬歲"五字。背面正中有一荷花图案，其外侧有中文"大日本帝國萬萬歲"八字。

第二次世界大战时期，为加强对占领地区的思想控制，日本帝国主义推出了所谓的四大庆祝节日，即1月1日的"四方拜"，2月11日庆贺日本神话中第一个天皇即位的"纪元节"，4月29日庆贺裕仁天皇生日的"天长节"，11月3日庆贺明治天皇生日的"明治节"，强迫沦陷区的民众进行庆祝。这枚纪念铜币即是这一时期所铸，背面的"大日本帝国万万岁"铭文，反映了当时日本军国主义的狂热，见证了二战期间日本对外侵略扩张的历史事实。

第八部分

代用币

　　1911年清王朝覆亡以后，封建社会的货币制度也随之崩溃，加上各地军阀混战不断，货币的制作、发行在一定时期陷入了混乱甚至停滞的状态，导致流通领域的货币数量特别是辅币的严重不足。为解决这一问题，一些地方的民众纷纷自发制作、发行各式各样的代价券和代用币。四川人民以铜片、铅块、竹片为原材料，采用压制、模制、雕刻的方式，也制作了大批代用币。这些代用币涉及行业众多，既有茶业、人力车行、餐饮业、旅馆业、娱乐业、帮会等商业场所，也有佛寺、道观等宗教场所；而且流通地域广泛，几乎涵盖了四川全省，既有成都这样的省会城市，也有乐山、犍为、简阳、乐至之类的中小城市。它们对于研究民国时期四川地区的货币流通和商业发展，了解四川地区的行政区划变迁，认识四川地区的宗教状况，都具有重要的历史意义。

　　四川大学博物馆所藏代用币，基本反映了民国时期四川地区代用币的种类、形制以及行业情况。

上北打金裕兴和欠钱廿文代用币

年代：民国

质地：黄铜

尺寸：长径3.87厘米，短径2.74厘米

重量：1.70克

椭圆形，通体呈黄色。面有外郭，内右有阳文楷书纵读"上北"二字，左有阳文楷书纵读"打金"二字，中间有上下两排楷书横读文字，上排为"裕兴和"，下排为"欠钱廿文"。光背。

　　这枚代用币是成都上北一带的裕兴和打金店制作的，反映了代用币的流通对打金行业的影响。今成都红星路一段、二段以前分别称为"北打金街"和"南打金街"，是清末民国时期成都打金店集中的地区。这枚代用币上所刻的"裕兴和"打金店，即其中之一，它见证了当时成都打金行业繁盛的景象。

【图195】

盐市口嘉余茶社欠钱十文代用币

年代：民国

质地：黄铜

尺寸：长径3.42厘米，短径2.67厘米

重量：1.55克

椭圆形，通体呈暗黄色。面有外郭，内有上中下三排阳文楷书横读文字，上排为"盐市口"，中排为"嘉餘茶社"，下排为"欠錢十文"。光背。

盐市口是清代和民国时期成都一个重要的商业区域。这枚代用币反映了代用币的流通对茶馆行业的影响，见证了民国时期盐市口商业的繁荣。

【图196】

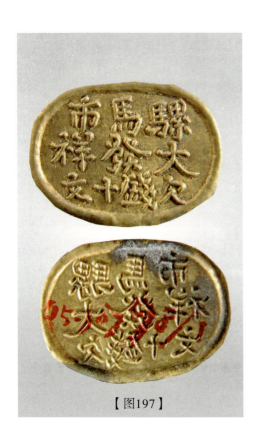

【图197】

骡马市大发祥欠钱十文代用币

年代：民国

质地：黄铜

尺寸：长径2.99厘米，短径2.16厘米

重量：0.95克

椭圆形，通体呈暗黄色。正面有外郭，有阳文楷书横读文字三行，从上到下分别为"骡馬市""大發祥"和"欠錢十文"。光背。

骡马市是成都除盐市口外的又一个重要的商业区域。这枚代用币见证了民国时期骡马市商业的繁荣。

锦江桥洪顺居钟汤元欠钱廿文代用币

年代: 民国

质地: 黄铜

尺寸: 长3.44厘米,宽2.4厘米

重量: 2.05克

长方形,顶端呈三角形,通体呈黄色。正面有外郭,上部有阳文楷书横读"洪顺居"三字,下部有阳文楷书纵读文字三行,从右至左分别为"钟汤 元""欠钱廿文"和"锦江桥"。光背。

成都历来是一个重视饮食文化的地方,各种小吃闻名全国,以成都为中心形成的川菜更是我国八大菜系之一。锦江是穿成都而过的一条河流。这枚代用币见证了著名小吃"钟汤元"的发展历程,对于研究民国时期成都小吃的发展具有一定的历史价值。

【图198】

龙泉寺欠钱十文代用币

年代: 民国

质地: 铅

尺寸: 长径2.59厘米,短径1.69厘米

重量: 2.60克

椭圆形,通体呈灰色。面、背皆有外郭,近郭处有一圈联珠纹。正面有阳文楷书横读"龙泉寺"三字。背面有阳文楷书横读"欠钱十文"四字。

这是一枚佛教寺庙制作、使用的代用币,反映了佛教寺庙使用代用币的情况。

【图199】

火神庙欠钱十文代用币

年代： 民国

质地： 铅

尺寸： 长3.22厘米，宽1.62厘米

重量： 6.05克

长方形，顶端剪角，通体呈灰色。面、背皆无外郭。正面有纵读"火神庙"三字，背面有纵读"欠钱十文"四字，文字皆为阳文楷书。

【图200】

火神是民间信仰的俗神之一。这枚代用币反映了民国时期成都民间信仰的一些情况，见证了代用币的流通对民间宗教的影响。

清华轩面馆欠钱廿文代用币

【图201】

年代： 民国

质地： 黄铜

尺寸： 长径3.74厘米，短径2.69厘米

重量： 2.10克

椭圆形，通体呈黄色。正面有外郭，正中有双麦穗图，从上至下有阳文楷书横读文字三行，分别为"清華轩""麪舘"和"欠錢廿文"。光背。

这枚代用币反映了民国时期面馆使用代用币的情况。

永盛隆饭铺欠钱廿文代用币

年代：民国

质地：黄铜

尺寸：长3.12厘米，宽2.22厘米

重量：1.55克

长方形，通体呈黄色。正面有外郭，从上至下有阳文楷书横读文字两行，分别为"永盛隆饭"和"铺欠钱廿文"。光背。

这枚代用币反映了民国时期饭馆使用代用币的情况。

【图202】

【图203】

教门咏芳斋欠钱十文代用币

年代：民国

质地：铅

尺寸：长径3.20厘米，短径2.00厘米

重量：2.60克

椭圆形，通体呈灰色。正面有外郭，从上至下有阳文楷书横读文字三行，分别为"教门""咏芳斋"和"欠钱十文"。光背。

教门是民国时期成都地区的一个社会帮派。这枚代用币反映了民国时期社会帮派使用代用币的情况。

三江用车去来十文代用币

年代： 民国

质地： 铅

尺寸： 直径2.49厘米

重量： 7.00克

圆板形，通体呈灰色。面、背皆有外郭，正面重轮。正面有阳文楷书对读"三江用車"四字。背面有阳文楷书对读"去來十文"。

三江，指成都的府河、南河和锦江三条河。这枚代用币反映了民国时期成都人力车行使用代用币的情况。

【图204】

长发布铺欠钱十文代用币

年代： 民国

质地： 铅

尺寸： 长2.62厘米，宽1.59厘米

重量： 3.55克

长方形，通体呈灰色。正面有外郭，从右至左有阳文楷书纵读文字两行，分别为"長發布舖"和"欠錢十文"。光背。

这枚代用币反映了民国时期布铺使用代用币的情况。

【图205】

茶行通用暂抵拾文代用币

年代：民国

质地：铅

尺寸：长径3.05厘米，短径2.60厘米

重量：6.50克

椭圆形，通体呈灰色。面、背皆有外郭。正面有阳文篆书对读"茶行通用"四字；背面有阳文楷书对读"暂抵拾文"四字。

这枚代用币既反映了民国时期代用币的流通对茶馆行业的影响，也反映出民国时期四川茶馆行业成立有专门的行业组织。

【图206】

【图207】

万安场守成旅馆欠钱二十代用币

年代：民国

质地：铅

尺寸：长径3.81厘米，短径2.62厘米

重量：16.80克

椭圆形，通体呈灰色。正面有外郭，从上至下有阳文楷书横读文字三行，分别为"萬安場""守成旅舘"和"欠錢二十"。光背。

这枚代用币反映了民国时期旅馆行业使用代用币的情况。

税十文代用币

年代： 民国

质地： 铅

尺寸： 直径2.29厘米

重量： 4.60克

圆板形，通体呈灰色。正面有外郭，有阳文楷书"税十文"三字。光背。

这枚代用币说明，民国时期，不仅各商业单位在制作、使用代用币，而且一些地方政府的税务机关也在制作和使用代用币，反映了代用币的流通对地方税务工作的影响。

【图208】

【图209】

三市公局兑现廿文代用币

年代： 民国

质地： 铅

尺寸： 直径2.44厘米，穿径0.59厘米

重量： 4.50克

圆形圆孔，通体呈灰色。面、背皆有狭窄的内外郭。正面有阳文楷书"三市公局造"五宁，文字分布不人规范。背面有阳文行书对读"兑现廿文"四字。

三市公局，近现代文献缺乏记载，应是当时的一种市场管理机构。这枚代用币反映了民国时期在市场管理中使用代用币的情况。

华邑隆镇欠钱拾文代用币

年代: 民国

质地: 黄铜

尺寸: 直径2.80厘米

重量: 1.50克

圆板形,通体呈黄色。正面有外郭,正中有一阴阳鱼图,其外有反时针旋读阳文楷书"華邑隆鎮欠錢拾文"八字。光背。

华邑,即华阳,原为四川的一个县,解放后撤销建制,并入双流县。这枚代用币反映了民国时期华阳地区代用币的流通情况,同时对于研究四川地区行政区划变迁具有一定的历史意义。

【图210】

金堂五凤溪欠钱廿文代用币

年代: 民国

质地: 黄铜

尺寸: 长径3.72厘米,短径2.69厘米

重量: 2.00克

椭圆形,通体呈黄色,局部有绿锈。面有外郭,内有上中下三排阳文楷书横读文字,上排为"金堂",中排为"五鳳溪",下排为"欠錢廿文"。光背。

这枚代用币反映了民国时期金堂地区代用币的流通情况。

【图211】

慈善会大邑通用当十代用币

年代： 民国

质地： 黄铜

尺寸： 直径2.93厘米

重量： 1.20克

圆板形，通体呈黄色。正面有狭窄的外郭，以一圈联珠纹为界分为内外两区，内区有对读"大邑通用"四字，外区上部有"慈善會"三字，中部有"暫行"二字，下部有"當十"二字，文字皆为楷书。光背。

这枚代用币反映了民国时期大邑地区代用币的流通情况，同时反映出当时的慈善机构也在制作和使用代用币。

【图212】

什境通用暂抵拾文代用币

年代： 民国

质地： 铅

尺寸： 直径2.71厘米

重量： 4.50克

圆板形，通体呈灰色。面、背皆有外郭，近郭处皆有一圈联珠纹。正面正中有呈十字形排列的乳钉纹，其外有阳文篆书对读"什境通用"四字。背面正中有五个乳钉纹，其外有阳文楷书对读"暫抵拾文"四字。

什境，指什邡县（今什邡市）辖区。这枚代用币反映了民国时期什邡地区代用币的流通情况。

【图213】

崇商通用抵欠拾文代用币

年代：民国
质地：铅
尺寸：直径2.25厘米
重量：5.70克
圆形，通体呈灰色。面、背皆有外郭。正面正中有一乳钉纹，其外有阳文楷书对读"崇商通用"四字。背面正中有一菊花图案，其外有阳文楷书对读"抵欠拾文"四字。

崇，指崇庆县，今崇州市。这枚代用币反映了民国时期崇庆地区代用币的流通情况，也是当时该地区有专门的商会组织的实物见证。

【图214】

新津老冯茶铺欠钱十文代用币

年代：民国
质地：黄铜
尺寸：长2.94厘米，宽2.31厘米
重量：0.65克
圆角长方形，通体呈黄色。正面有外郭，从上至下有阳文楷书横读文字三行，分别为"新津""老冯茶铺"和"欠钱十文"，"新"字与"津"字之间有一五角星图案。光背。

【图215】

这枚代用币反映了民国时期新津地区代用币的流通情况。

温邑兴记绸缎庄欠廿文代用币

年代： 民国

质地： 黄铜

尺寸： 长径3.63厘米，短径2.64厘米

重量： 1.80克

椭圆形，通体呈黄色。正面有外郭，从上至下有阳文楷书横读文字三行，分别为"温邑""兴记绸缎庄"和"欠廿文"。光背。

温邑，即今成都市温江区。这枚代用币反映了民国时期温江地区代用币的流通情况。

【图216】

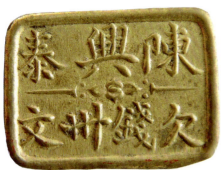

【图217】

陈兴泰欠钱卅文代用币

年代： 民国

质地： 黄铜

尺寸： 长2.98厘米，宽2.18厘米

重量： 1.05克

长方形，通体呈黄色。正面有外郭，从上至下有阳文楷书横读文字两行，分别为"陈兴泰"和"欠钱卅文"。光背。

这枚代用币说明民国时期不仅有众多的商业单位或政府机构在制作、使用代用币，而且存在以个人名义参与代用币制作的情况。

眉山荣盛酒庄欠钱廿文代用币

年代： 民国
质地： 黄铜
尺寸： 长径3.97厘米，宽2.91厘米
重量： 2.05克

椭圆形，通体呈暗黄色。面有外郭，内有上中下三排阳文楷书横读文字，分别为"眉山""榮盛酒莊"和"欠錢廿文"。光背。

【图218】

这枚代用币反映了民国时期眉山地区代用币的流通情况，以及代用币的流通对酿酒行业的影响。

简阳衙门正街会欠钱十文代用币

年代： 民国
质地： 黄铜
尺寸： 长3.20厘米，宽2.28厘米
重量： 1.45克

长方形，通体呈暗黄色。正面有外郭，从上至下有阳文楷书横读文字三行，分别为"簡陽""衙門正街會"和"欠錢十文"。光背。

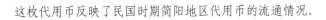

这枚代用币反映了民国时期简阳地区代用币的流通情况。

【图219】

四川大学博物馆藏品集萃

货币卷

蓬溪商会暂记十文代用币

年代: 民国
质地: 铅
尺寸: 直径2.33厘米
重量: 3.65克

圆板形, 通体呈灰色。面、背皆有外郭, 上部近郭处有一小圆穿。正面正中有一圆圈, 圈内有数字"10", 圈外有阳文楷书对读"蓬溪商會"四字。背面正中亦有一圆圈, 圈内有乳钉纹, 圈外有阳文楷书对读"暫記十文"四字。

这枚代用币反映了民国时期蓬溪地区代用币的流通情况, 同时也说明民国时期该地区已有专门的商会组织。

【图220】

叙府裕记茶社欠钱廿文代用币

年代：民国
质地：黄铜
尺寸：长径4.03厘米，短径2.69厘米
重量：2.00克

椭圆形，通体呈黄色。正面有外郭，正中有双穗图，从上至下有阳文楷书横读文字三行，分别为"裕记茶社""叙府"和"欠钱廿文"。光背。

叙府，即今宜宾市。这枚代用币反映了民国时期宜宾地区代用币的使用情况，对于探寻宜宾的名称沿革也具有一定的参考价值。

【图221】

乐至五桂区欠十文代用币

年代：民国
质地：铅
尺寸：直径2.32厘米
重量：2.90克

圆板形，通体呈灰色。面、背皆有齿缘。正面以一圈凸弦纹为界分为内外两区，内区有"桂"字，外区上部有横读"乐至"二字，中部有横读"五區"二字，下部有横读"欠十文"三字，皆为阳文楷书。背面以一圈联珠纹为界分为内外两区，内区有双旗图，外区素。

这枚代用币反映了民国时期乐至地区代用币的流通情况。

【图222】

四川大学博物馆藏品集萃

货币卷

乐商欠十代用币

年代：民国
质地：黄铜
尺寸：直径2.74厘米
重量：1.00克

圆板形，通体呈黄色。正面有外郭，其外有阳文楷书对读"樂商欠十"四字。光背。

乐，指今乐山市。这枚代用币反映了民国时期乐山地区代用币的流通情况。

【图223】

富顺高石代十代用币

年代：民国
质地：铅
尺寸：直径1.89厘米
重量：2.40克

圆板形，通体呈灰色。面、背皆有外郭，沿郭有一圈联珠纹。正面有双旗纹饰和阳文楷书横读"富顺"二字。背面有阳文楷书对读"高石代十"四字。

这枚代用币反映了民国时期富顺地区代用币的流通情况。

【图224】

广汉不夜天欠钱卅文代用币

年代： 民国
质地： 黄铜
尺寸： 长径3.62厘米，短径2.51厘米
重量： 1.60克

椭圆形，通体呈暗黄色。正面有外郭，从上至下有阳文楷书横读文字三行，分别为"廣漢""不夜天"和"欠錢卅文"。光背。

这枚代用币不仅反映了广汉地区代用币的流通情况，而且说明当时四川地区不少娱乐场所也在制作、使用代用币。

【图225】

犍商欠廿代用币

年代： 民国
质地： 铅
尺寸： 直径2.81厘米
重量： 8.00克

圆形，通体呈灰色。面、背皆有外郭。正面有阳文楷书纵读"犍商"二字。背面有阳文楷书纵读"欠廿"二字。

犍，指今犍为县。这枚代用币不仅反映了民国时期犍为地区代用币的流通情况，而且说明当地已有商业行会组织。

【图226】

四川大学博物馆藏品集萃

货币卷

安岳商帮暂当十文代用币

年代：民国
质地：铅
尺寸：直径2.54厘米
重量：5.10克

圆形，通体呈灰色。面、背皆有外郭，近郭处皆有一圈联珠纹，皆以一圈凸弦纹为界分为内外两区。正面有阳文楷书对读"安岳商帮"四字，正中有一乳钉纹。背面有阳文楷书对读"暂当十文"四字。

这枚代用币不仅反映了民国时期安岳地区代用币的流通情况，而且说明当地已有专门的商业帮会组织。

【图227】

【图228】

绵竹通用暂抵拾文代用币

年代：民国
质地：铅
尺寸：长径2.71厘米，短径2.26厘米
重量：6.75克

椭圆形，通体呈灰色。面、背皆有外郭。正面有阳文篆书对读"绵竹通用"四字。背面有阳文楷书对读"暂抵拾文"四字。

这枚代用币反映了民国时期绵竹地区代用币的流通情况。

第九部分

花钱

　　花钱是一种具有钱币的外形，但通常不作为流通货币使用的物品。它是我国古代货币崇拜观念与宗教信仰相结合的产物，是我国古代货币文化的重要组成部分，反映古人趋利避害的思想。古人称其为"压胜钱"，今人称其为"花钱"。

　　花钱产生于西汉中晚期，发展成熟于魏晋南北朝和隋唐时期，兴盛于宋元明清时期，到清末民国时期，随着封建王朝的覆灭而衰落。其发展历程几乎贯穿于封建社会的始终。

　　花钱或是官方铸造，或是私人制作，或是宫观庙宇制造。

　　花钱以种类繁复，文字、图案多样，文化内涵、历史信息丰富而闻名于世。从其功能来看，大致可以将花钱分为压胜、游戏、凭信和纪念四大类，其中压胜钱数量最大、种类最多、延续时间最长。花钱的文字、图像内容十分丰富，或是传达了人们希望身体健康、生命长久的美好愿望，或是表达了人们对新婚夫妇婚姻美满、早生贵子的良好祝愿，或是表达了人们对社会安定、国家富强的愿望，或是传达了古代读书人希望顺利通过科举考试、早日获取功名的心声，或是显示了古代官员希望仕途顺利、早登高位的期望，或是展现了古人在端午节躲避五毒的习俗……花钱体量虽小，却承载了丰富的历史文化信息，涉及我国古代宗教、艺术、风俗、经济、政治等很多方面，具有重要的研究价值。

　　四川大学博物馆所藏花钱，具有数量多，品类繁，图像、文字复杂，内涵丰富的特点，基本涵盖了古代花钱的主要种类，尤以压胜钱为多，大致反映了我国古代花钱的形制特点以及文字、图像内容，有助于了解历史悠久的花钱文化，具有重要的研究价值。

长命富贵金玉满堂压胜钱

年代：元
质地：青铜
尺寸：直径6.38厘米，孔宽1.61厘米
重量：30.20克

圆形方孔，钱体厚重，通体呈黑色。内、外郭较窄，广穿。面文为楷书对读"长命富贵"四字，其中"富"字头上无一点。背文为楷书对读"金玉满堂"四字。

吉祥的话，古人和今人都爱听，故古人在铸造压胜钱时也喜欢将一些吉祥的话铸刻在钱币上，希望能给自己带来好彩头。这枚压胜钱就是一个生动的例证。

【图229】

【图230】

百福百寿压胜钱

年代：清
质地：黄铜
尺寸：直径5.28厘米，孔宽1.10厘米
重量：27.80克

圆形方孔，钱体厚重，通体呈暗黄色。外郭宽，内郭窄，广穿。面文为穿左右楷书横读"百福"二字。背文为楷书纵读"百寿"二字。

多福多寿，是古今人类的美好愿望。这枚压胜钱即反映了古人的这种美好愿望。

龙凤呈祥压胜钱

年代：清
质地：黄铜
尺寸：直径6.72厘米，孔宽0.90厘米
重量：69.80克

圆形方孔，钱体厚重，通体呈黄色。外郭宽，内郭略窄，广穿。面文为楷书对读"龍鳳呈祥"四字。背面有一龙一凤绕穿作飞翔状。

【图231】

龙、凤这两种传说中的动物，在我国古代具有特别的含义，一方面是皇权的象征，另一方面又是人们喜闻乐见的吉祥象征。这枚压胜钱上的龙凤形象即是作为吉祥象征而出现的，它反映了古人对美好生活的向往。

唐将千里打马格钱

年代： 清
质地： 黄铜
尺寸： 直径2.62厘米，孔宽0.60厘米
重量： 5.60克

圆形方孔，钱体厚重，通体呈黄色。外郭宽，内郭窄，穿略广。面文为楷书对读"唐将千里"四字。背面为一奔马图案。

　　"打马格"是流行于宋代的一种游戏，宋代著名女词人李清照曾撰文（《打马图经》）予以介绍。这种游戏的用具呈钱币状，其上铸有古代著名的人物或骏马形象，古人称之为"打马格钱"。这种游戏早已消亡，具体的游戏规则如何，已无法确知。这枚"打马格钱"虽非宋代所铸，而是清人仿制，但从中仍可了解一些关于"打马格"游戏的情况。

【图232】

大泉五十星斗纹压胜钱

年代： 清
质地： 黄铜
尺寸： 直径2.40厘米，孔宽0.79厘米
重量： 4.75克

圆形方孔，钱体厚重，通体呈褐色，露铜色。外郭略宽，内郭略窄，广穿。面文为篆书对读"大泉五十"四字，笔画粗，"泉"字竖笔不断。背面穿上、穿右分别有日、月图案，穿左、穿下则有七个圆点构成北斗七星图案。

新朝的建立者王莽爱好谶纬之学，迷信神怪之说，故其所铸钱币上经常出现各种奇异的图文。后人常借用其所铸钱币名称来铸造花钱，这枚压胜钱就是这种情况的反映。

【图233】

透雕楼阁人物图压胜钱

年代： 明
质地： 黄铜
尺寸： 直径6.32厘米，孔宽0.79厘米
重量： 32.20克

圆形圆穿，钱体厚重，通体呈暗黄色。外郭略宽，内郭窄，广穿。面、背镂空透雕相同的图案，穿上有一重檐楼台，内端坐一人作抚琴状，楼台左右各有一棵松树；穿左、穿右各有一亭，亭内各有一人，二人侧坐相对；穿下有曲栏、花草、山石，曲栏前有一桌台，桌台两侧各坐一人，二人作对弈状。穿下近外郭处有七孔，穿上则有六孔。

古人认为，北斗有七星，南斗有六星；北斗主死，南斗主生，主宰人世间的祸福。这枚压胜钱穿上有六孔、穿下有七孔，应该是南北斗的象征；而南北斗之间的楼阁、人物则是道教神仙世界的表现。它既反映了道教的神仙信仰，也记录了我国古代的星斗信仰。

【图234】

道教天师印压胜钱

年代： 明

质地： 青铜

尺寸： 直径4.57厘米，孔径0.60厘米

重量： 15.15克

圆形圆穿，钱体厚重，通体呈黑色，露铜色。外郭窄，边缘有一个小圆孔，内郭略窄，穿略广。正面穿右有一神人作挥刀状，穿左有一小鬼作翻倒状。背面穿上有方形印文，文字模糊，穿下似有一龙形动物。

道教是我国土生土长的宗教，早在东汉时期就已产生。符、印、剑是道教的主要法具，道士常以符箓、咒语等为世人举行"除妖辟邪"的法事，世人亦以此为道教的主要特点。这枚压胜钱即反映了道教的这一特点。

【图235】

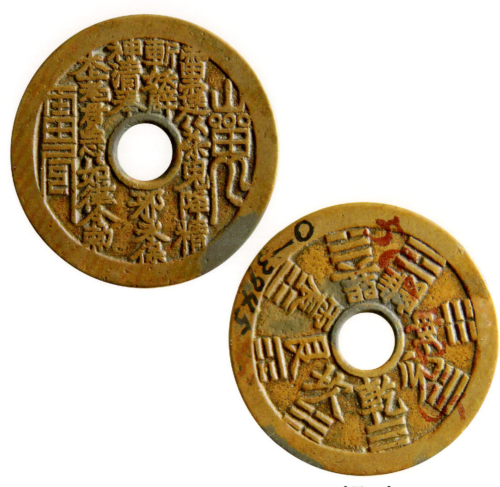

【图236】

道教雷霆咒语压胜钱

年代：清

质地：黄铜

尺寸：直径4.32厘米，孔径0.85厘米

重量：22.50克

圆形圆穿，钱体厚重，通体呈黄色。外郭宽，内郭窄，广穿。正面穿四周有楷书纵读道教咒语四行，具体内容为："雷霆雷霆，杀鬼降精，/斩妖辟邪，永保/神清，奉/太上老君急急如律令勑。"咒语左右各有一道教符箓。背面围绕着穿分布有八卦图和八卦名。

　　雷是一种自然现象，古人不能正确认识，因畏惧而奉之为神。道教产生后，雷神被列入了道教神仙系统，道士以之"驱妖除魔"。尤其是宋代道教兴起"雷法"这种法术后，雷神信仰更是受到了特别重视。这枚压胜钱见证了道教信仰的这一变化。

道教躯（驱）邪降福五毒纹压胜钱

年代： 清
质地： 黄铜
尺寸： 直径4.68厘米，孔径0.75厘米
重量： 24.10克

圆形圆穿，钱体厚重，通体呈黄色。外郭宽，内郭略窄，广穿。正面穿右有一人似钟馗，穿下有一小鬼作奔跑状，穿上有一蝙蝠图案，穿左有楷书纵读"躯邪降福"四字。背面环绕着穿有虎、守宫、蜘蛛、蛇、蟾蜍五种动物形象。

【图237】

古人认为，虎、蜘蛛、蛇、蟾蜍、守宫五种动物会给人带来厄运，称之为"五毒"，每逢端午节，都要举行仪式扫除它们，避免它们为祸人间。这枚压胜钱就是我国古代端午节这一习俗的实物见证。

佛教六字真言压胜钱

年代： 清

质地： 黄铜

尺寸： 直径5.44厘米，孔宽0.85厘米

重量： 58.90克

圆形方孔，钱体厚重，通体呈黑色，露铜色。外郭宽，正面有内郭，背面无内郭，广穿。面文为旋读楷书佛教六字真言"唵嘛呢叭咪吽"。背面环绕着穿以一圈凸弦纹为界分为内外两区，内区为太极图，外区为八卦图。

【图238】

六字真言，又称"明咒"，是佛教密宗的一种重要咒语。佛教徒认为此咒语威力无比，持诵它，能够使贫者转富，贱者成贵人，消除自身罪业，甚至使修持更为精进，从而修成正果。而太极、八卦，乃是一种具有浓厚道教色彩的图纹。这枚压胜钱既反映了佛教密宗的信仰特点，又体现了道教的信仰观念，见证了明清时期佛、道信仰在民间的融会。

大唐镇库压胜钱

年代： 明
质地： 青铜
尺寸： 直径3.60厘米，孔宽0.79厘米
重量： 12.20克

圆形方孔，钱体厚重，通体呈黑色，露铜色。外郭略窄，内郭窄，广穿。面文为楷书对读"大唐镇库"四字。光背。

【图239】

古人迷信，当存放财物的库房发生自然损耗或者被盗，却不能得到合理解释时，就归咎为库房中的恶灵所为，于是就铸造出所谓的"镇库压胜钱"，希望以此辟除恶灵，保护财物不受损失。这枚压胜钱虽然并非如钱文所示为唐代遗物，却也见证了古代的镇库信仰和风俗。

货布形五男二女图压胜钱

年代：明

质地：青铜

尺寸：长5.60厘米，最宽2.05厘米

重量：19.00克

布币形，平首，圆穿，平肩，方足，方裆。面、背皆有较窄的外郭，正面穿有郭，背面穿无郭。面文为篆书"货布"二字，笔画较粗。背面有七人，其中上部有二人，中部有三人，下部有二人。

　　这是一枚模仿王莽所铸钱币而铸造出来的压胜钱。背面七人与古代"五男二女"的说法有关。据《东京梦华录》和《梦粱录》记载，宋代有以五男二女图纹装饰孕妇居室借以催生的习俗。这枚压胜钱即反映了古人的这一风俗。

【图240】

麒麟送子压胜钱

年代：清
质地：黄铜
尺寸：直径6.56厘米，孔宽0.69厘米
重量：68.60克

圆形方孔，钱体厚重，通体呈浅黑色，露铜色。外郭宽，内郭窄，狭穿。面文为楷书对读"麒麟送子"四字。背文为楷书横读"康宁"二字。

古人非常重视家族的繁衍昌盛，希望子孙都能平平安安。因麒麟是一种神话中寓意吉祥的动物，故赋予它送子的功能。这枚压胜钱就反映了古人的生育观念。

【图241】

【图242】

连生贵子压胜钱

年代：清
质地：黄铜
尺寸：直径6.18厘米，孔宽0.88厘米
重量：66.50克

圆形方孔，钱体厚重，通体呈黑褐色。正面外郭宽，背面重轮，内郭略宽，广穿。面文为篆书对读"连生贵子"四字。背面穿右、穿上有一莲叶、莲花图案，穿左有桂树图案，穿下有水波纹。

古人传宗接代的观念十分浓厚，认为家族的男丁越多越好，这枚压胜钱就反映了这种观念，背面的图像以谐音的方式表达了古人的这种诉求。

十二生肖压胜钱

年代: 清
质地: 黄铜
尺寸: 直径6.38厘米, 孔宽0.89厘米
重量: 51.40克

圆形方孔, 钱体厚重, 通体呈暗黄色。外郭宽, 内郭窄, 广穿。正面环绕着穿以一圈凸弦纹为界分为内外两区, 内区有十二地支名, 外区有十二生肖图。背面有一龙一凤绕穿作飞翔状。

生肖信仰是我国一种非常古老的信仰, 早在先秦时期就已产生, 后来被神秘化, 人们将其与个人的生死祸福相联系, 形成了本命信仰。唐宋时期, 这一观念为道教所吸纳, 进一步系统化, 对民间社会的影响更为深入和普遍。这枚压胜钱就是这种文化现象的反映。

【图243】

天子万年压胜钱

年代: 明
质地: 黄铜
尺寸: 直径5.52厘米, 孔宽0.80厘米
重量: 47.10克

圆形方孔, 钱体厚重, 通体呈浅黑色。外郭略宽, 内郭窄, 广穿。面文为楷书对读"天子萬年"四字。背面有一龙一凤作飞翔状。

我国曾长期处于封建专制主义统治之下, 皇权至高无上, 皇帝是最高的统治者, 是国家政治生活的中心。这枚压胜钱就是明代为讨好皇帝所铸, 是对我国封建专制主义的一个很好的注脚。

【图244】

皇帝万岁压胜钱

年代：清
质地：黄铜
尺寸：直径4.18厘米，孔宽0.73厘米
重量：21.65克

圆形方孔，钱体厚重，通体呈浅黑色，露铜色。正面外郭宽，郭上刻花，背面外郭窄，内郭窄，广穿。面文为楷书对读"皇帝萬歲"四字。背面穿右有一形体偏小之人，穿左立真武大帝，穿下有玄武，穿上似有北斗七星图案。

【图245】

　　真武，由汉代"四灵"之一的玄武演化而来，宋代被人格化，并被奉为尊神，明清时期成为国家的保护神。这枚压胜钱既带有封建专制主义的色彩，又反映了明清时期真武信仰的一些情况。

天下太平万国来朝压胜钱

年代： 清晚期
质地： 黄铜
尺寸： 直径3.95厘米，孔宽0.52厘米
重量： 24.80克

圆形方孔，钱体厚重，通体呈黑色。外郭宽，内郭窄，狭穿。面文为楷书对读"天下太平"四字，背文为楷书对读"萬國來朝"四字。

【图246】

明清时期，我国曾构建以中国为核心的东亚国际政治体系，一些周边国家通过朝贡的方式与我国建立起双边关系。从19世纪中期起，在西方列强的冲击下，这个体系逐渐崩溃，但晚清的保守派人物却不能正视这一现实，仍梦想着恢复这一体系。这枚压胜钱既见证了朝贡政治体系的曾经存在，又反映了晚清时期保守派对这一梦想的执着追求。

海晏河清压胜钱

年代： 清
质地： 黄铜
尺寸： 直径2.80厘米，孔宽0.61厘米
重量： 5.85克

圆形方孔，钱体厚重，通体呈紫色。外郭宽，内郭窄，穿略广。面文为楷书对读"海晏河清"四字。背面穿下有水波纹，穿左、穿右有云纹，穿上有一山峰图案。

古代黄河中下游经常发生决堤，造成严重的水灾，而沿海地区也时常遭到海潮、飓风袭击，于是治理黄河和海潮带来的水患成为国家重要的水利工程，而"海晏河清"成为古人的美好愿望，成为社会安定祥和的一种象征。这枚压胜钱即反映了人们的这种美好愿望。

【图247】

大美万岁压胜钱

年代： 清晚期
质地： 黄铜
尺寸： 直径2.60厘米，孔宽0.51厘米
重量： 5.40克

圆形方孔，钱体厚重，通体呈浅黑色，露铜色。外郭宽，内郭窄，穿略狭。面文为楷书对读"大美万岁"四字。背面有一老虎图案。

【图248】

这种压胜钱，文献中缺乏相应的记载，存世数量极少，极为罕见。"大美"可能指美国。在近代，美国也曾经给中国带来深重苦难，但相对英、法、日等国的赤裸裸侵略而言，它的策略具有一定的欺骗性，故部分国人曾对其产生好感。这枚压胜钱可能就是这部分国人所铸，幻想着美国能给予中国真诚的帮助，反映了近代中国的艰难处境。

五子登科压胜钱

【图249】

年代：清
质地：黄铜
尺寸：直径3.61厘米，孔宽0.67厘米
重量：11.95克

圆形方孔，钱体厚重，通体呈红褐色。外郭宽，内郭窄，丿芽。曲文为楷书对读"五子登科"四字。背面为祥瑞花卉图案。

　　科举制度是我国古代一种重要的选拔官吏的制度，初创于隋朝，成型于唐朝，发展于宋代，定型于明清时期，是古代知识分子通过考试进入官场的重要途径，对我国古代社会政治、经济、文化等诸多方面产生了极其深刻的影响。通过科举考试进入官场，几乎成为宋代以后知识分子步入仕途最主要的途径。于是，各种与科举有关的语句大量出现在花钱上。这枚压胜钱就是一个典型的例证，它见证了科举制度对中国古代社会的深刻影响。

状元及第一品当朝压胜钱

年代： 清
质地： 黄铜
尺寸： 直径4.50厘米，孔宽0.75厘米
重量： 21.00克

圆形圆穿，钱体厚重，通体呈暗黄色。外郭宽，内郭窄，广穿。正面环绕着穿有三层文字和图案，里层为一圈乳钉纹，中间一层有楷书旋读"状元及第一品当朝"八字，外层为一圈乳钉纹。背面有仙鹤啄食桂子图。

　　科举取士成为古代选拔官吏的主要方式后，一方面促成了社会普遍持久的读书风尚，另一方面也逐渐使社会心态发生了扭曲，人们把读书看成进入仕途的敲门砖，做官成为古人学习文化知识的根本动力和目标。这枚压胜钱生动地反映了古人的这种心态。

【图250】

三元及第压胜钱

年代： 清
质地： 黄铜
尺寸： 直径4.65厘米，孔宽0.70厘米
重量： 26.20克

圆形圆穿，钱体厚重，通体呈黑色。外郭宽，内郭窄，广穿。面文为楷书对读"三元及第"四字。背面有动物图案等，模糊不清，似为五毒图案。

　　明清时期，科举考试分为乡试、会试和殿试三级，如果在这三级考试中都获得第一名，就被称为"三元"，即解元、会元、状元，这是当时读书人最为渴望的一种科举结果。这枚压胜钱既反映了明清科举考试制度的构成情况，也反映了当时读书人的普遍心态。

【图251】

喜报三元合背压胜钱

年代：清
质地：黄铜
尺寸：直径5.74厘米，孔宽0.60厘米
重量：68.40克
圆形方孔，钱体厚重，通体呈黑色。外郭宽，内郭窄，穿较广。面、背文字相同，均为楷书对读"喜报三元"四字。

这枚压胜钱反映了古代科举制度对社会生活的影响，以及读书人的科举愿望。

【图252】

招财进宝天下太平压胜钱

年代：明
质地：青铜
尺寸：直径1.55厘米，孔宽0.30厘米
重量：1.40克
圆形方孔，钱体轻薄，通体呈黑色。外郭略宽，内郭窄，狭穿。面文为楷书对读"招财進寶"四字，背文为楷书对读"天下太平"四字。

从古至今，人类都希望生活富足、社会安定。这枚压胜钱就反映了古代中国人的这种美好愿望。

【图253】

一本万利压胜钱

年代： 清
质地： 黄铜
尺寸： 直径2.72厘米，孔宽0.55厘米
重量： 5.00克

圆形方孔，钱体厚重，通体呈黑色。正面外郭宽，背面重轮，郭上刻回纹，内郭窄，穿较狭。面文为楷书对读"一本萬利"四字。背面似有龙凤图案，模糊不清。

追逐利益，希望以最小的投入获取最大的回报，是古今中外商人共有的特性。这枚压胜钱生动地反映了我国古代商人的这种特性。

【图254】

顺风大吉满载而归压胜钱

年代： 清
质地： 黄铜
尺寸： 直径4.23厘米，孔径0.70厘米
重量： 21.50克

圆形圆穿，钱体厚重，通体呈暗黄色。外郭宽，内郭窄，广穿。正面环绕着穿有三层文字和图案，里层为一圈乳钉纹，中间一层为楷书旋读"顺风大吉满载而归"八字，外层为一圈元宝图案。背面有帆船顺风航行图等。

古代商人分为行商和坐商，前者需要异地经营，后者则固定在某地经营店铺。受交通条件、社会治安等影响，行商通常会面临诸多不确定因素，风险较大，故出行顺利、获取较好的收益便成为其普遍愿望。这枚压胜钱就反映了行商的这种美好愿望。

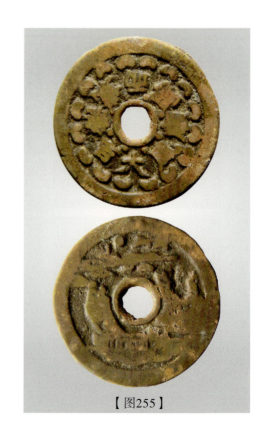

【图255】

五铢君宜侯王压胜钱

年代：清
质地：黄铜
尺寸：直径2.30厘米，孔宽0.75厘米
重量：5.90克
圆形方孔，钱体厚重，通体呈黄色。内、外郭均窄，广穿。面文为穿右、穿左篆书横读"五铢"二字，穿上篆书横读"君宜"二字，穿下篆书横读"侯王"二字。光背。

　　"君宜侯王"是汉代铜镜、铜洗等器物和钱币上较为常见的铭文，反映了一种社会心态。这枚压胜钱虽为清人仿铸，而非汉代原物，仍然曲折地反映了汉代的这种社会心态，同时也反映了清人同样的心态。

【图256】

加官进禄连生贵子压胜钱

年代：清
质地：黄铜
尺寸：直径3.60厘米，孔宽0.60厘米
重量：17.80克
圆形方孔，钱体厚重，通体呈暗黄色。外郭宽，内郭窄，穿略广。面文为楷书对读"加官进禄"四子，背义为楷书对读"连生贵子"四子。

【图257】

　　古代官员往往有两大愿望，一是升官发财，二是多子多孙，家族人丁兴旺。这枚压胜钱就是清代官员这两种愿望的生动反映。

连升三级封侯拜相压胜钱

年代： 清

质地： 黄铜

尺寸： 直径2.82厘米，孔宽0.56厘米

重量： 6.40克

圆形方孔，钱体厚重，通体呈暗红色。外郭宽，内郭窄，广穿。面文为楷书对读"连陞三级"四字，背文为楷书对读"封侯拜相"四字。

【图258】

自科举取士制度实施以来，六朝时曾经长期把持国家机构的门阀士族虽然逐渐崩溃，但贵族精神并没有从此销声匿迹，反而获得了最佳的存在状态，官僚政治中的等级观念和特权意识得到进一步加强。这枚压胜钱既反映了清代官员的升官愿望，也是当时官场等级观念的实物见证。

一品当朝三阳开泰压胜钱

年代：清
质地：黄铜
尺寸：直径5.50厘米，孔宽0.87厘米
重量：22.90克
圆形方孔，钱体厚重，通体呈黄色。外郭宽，内郭窄，广穿。面文为楷书对读"一品当朝"四字，背文为楷书对读"三陽開泰"四字。

作为我国皇权社会的最高行政长官，"宰相"是整个国家的"二把手"，素有"一人之下，万人之上"的美称。这也是古代多数官员对于仕途的最高追求，这枚压胜钱就反映了清代官员的这一愿望。

【图259】

一品夫人凤冠霞佩压胜钱

年代：清
质地：黄铜
尺寸：直径3.87厘米，孔宽0.60厘米
重量：11.70克
圆形方孔，钱体厚重，通体呈黑色，露铜色。外郭宽，内郭窄，穿略广。面文为楷书对读"一品夫人"四字，背文为楷书对读"鳳冠霞珮"四字。

【图260】

古代有所谓"夫贵妻荣"的说法，这枚压胜钱就反映了这种观念。

忠孝友悌正己化人压胜钱

年代： 清

质地： 黄铜

尺寸： 直径4.25厘米，孔宽0.61厘米

重量： 20.10克

圆形方孔，钱体厚重，通体呈暗红色。外郭宽，内郭略窄，穿略广。面文为楷书对读"忠孝友悌"四字，背文为楷书对读"正己化人"四字。

　　儒家思想是我国传统文化的重要组成部分，是封建王朝的一种思想统治工具，对古代社会产生了十分深刻的影响。其核心观念就是忠孝仁恕，忠就是要忠诚于帝王和国家，孝就是要孝顺父母长辈，仁就是对人要有仁爱之心，恕就是待人要有宽宏之心。这枚压胜钱的铭文说明，它承载有儒家的思想观念，反映了儒家思想对古代社会的巨大影响。

【图261】

八仙吉祥钱树

年代：清

质地：铁

尺寸：长59.50厘米，最宽处14.80厘米

重量：595.00克

扁平树形，鎏金。主干上细下粗，横截面呈扁圆形，正反两面的图案、文字相同。主干两侧均匀分布有四层八枚压胜钱，每层钱币之上皆有两位神仙立于云彩之上，云彩两端各有一蝙蝠，顶端有"寿"字形饰物，其上亦有蝙蝠，底层压胜钱之下有两条龙。从手持法器看，八位神仙应为民间信仰中的"八仙"。压胜钱的钱文有"吉祥如意""富贵双全""满堂福禄""贵子贤孙""福如東海""多子多孙""一品當朝""旨日高升"等。

　　吉祥钱树是一种主要流行于明清时期的树形金属器物，是古人在钱币铸造工艺翻砂法的启发下，融合古代压胜钱的文化因素制造出来的。吉祥钱树是当时人们家居生活的一种摆设，其文字和图案反映了人们渴望升官发财、家庭和睦、身体健康、社会安定的美好愿望。八仙指民间广为流传的道教八位神仙。这件吉祥钱树既代表了这类器物的典型特征，又反映了明清时期的八仙信仰。

【图262】

八仙寿星吉祥钱树

年代： 清

质地： 铁

尺寸： 长58.00厘米，最宽处12.70厘米

重量： 479.00克

扁平树形，鎏金。主干上细下粗，横截面呈菱形，正反两面的图案、文字相同。主干两侧原来均匀分布着四层八枚压胜钱，每层钱币之上皆有两位神仙立于云彩之上，顶端有一寿星形象，底层压胜钱之下有两条龙。从手持法器来看，八位神仙应为民间传说中的"八仙"。压胜钱现仅存六枚，其中四枚完整，钱文分别为"吉祥如意""富贵双全""多子多孙""福如東海"。

【图263】

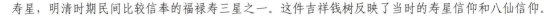

寿星，明清时期民间比较信奉的福禄寿三星之一。这件吉祥钱树反映了当时的寿星信仰和八仙信仰。

五铢压胜钱剑

年代： 清
质地： 铜
尺寸： 长46.00厘米，最宽处10.30厘米
重量： 305.00克
宝剑形，由百余枚东汉五铢钱用红线夹以竹片编织而成。

【图264】

压胜钱剑，又称金钱剑，有时是道士斩妖除魔的法器，有时是风水师为人调理风水的用具，有时被悬挂在居室门口以镇宅辟邪，与我国古代的道教及风水术数有着十分密切的关系。这件压胜钱剑用百余枚五铢钱编织而成，"铢"与"诛"谐音，说明其可能比较多地被用于斩妖镇宅的活动中。

开元通宝压胜钱剑

年代：清
质地：铜
尺寸：长47.30厘米，最宽处10.00厘米
重量：469.00克
宝剑形，由百余枚唐代开元通宝用红线夹以竹片编织而成。

【图265】

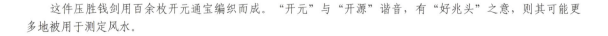

这件压胜钱剑用百余枚开元通宝编织而成。"开元"与"开源"谐音，有"好兆头"之意，则其可能更多地被用于测定风水。

参考文献

（一）专著

1.陈建平.湖南省宪研究.北京：法律出版社，2009.

2.陈世松，等.宋元之际的泸州.重庆：重庆出版社，1985.

3.成都市钱币学会.四川铜元研究.成都：四川人民出版社，1999.

4.成都市政协文史学习委员会.成都文史资料选编·工商经济卷.成都：四川人民出版社，2007.

5.楚尔鸣.货币金融学.长沙：中南大学出版社，2008.

6.戴建兵.中国近代纸币.北京：中国金融出版社，1993.

7.方称宇.中国花钱与传统文化.北京：商务印书馆，2008.

8.房燕.货币银行学.北京：北京邮电大学出版社，2008.

9.国家文物局《中国古钱谱》编纂.中国古钱谱.北京：文物出版社，1989.

10.郭若愚.古代吉祥钱图像赏析.上海：上海教育出版社，1998.

11.何林.民俗钱图说.北京：学苑出版社，2003.

12.何一民.变革与发展：中国内陆城市成都现代化研究.成都：四川大学出版社，2002.

13.黄锡全.先秦货币通论.北京：紫禁城出版社，2001.

14.黄伟.古代货币研究讲稿（未刊稿）.

15.黄兆群.美国的民族、种族和同性恋——关于美国社会的历史透视.北京：东方出版社，2007.

16.贾大泉.四川通史（第四册）.成都：四川大学出版社，1994.

17.蒋若是.秦汉钱币研究.北京：中华书局，1997.

18.【美】杰里·本特利，赫伯特·齐格勒，希瑟·斯特里兹.简明新全球史.魏凤莲，译.北京：北京大学出版社，2009.

19.金纬武，严志梁，等.简明世界通史（下册）.北京：人民教育出版社，1983.

20.刘泽华.世界历史总集.北京：长期出版公司，2000.

21.马敏，彭南生.中国近现代史（1840—1949）.北京：高等教育出版社，2009.

22.彭信威.中国货币史.上海：上海人民出版社，2007.

23.【法】皮埃尔·米盖尔.法国史.蔡鸿滨，等，译.北京：商务印书馆，1985.

24.邱思达.中国近现代铸币图说.北京：中国书店，1991.

25.曲彦斌.中国典当.沈阳：辽宁古籍出版社，1994.

26.曲振涛，张新知.外国货币侵华与掠夺史论（1845—1949）.北京：中国财政经济出版社，2007.

27.任乃强，任新建.四川州县建置沿革图说.成都：巴蜀书社，2002.

28.【俄】S. G.朴希加廖夫.俄罗斯史.吕律，译.台北：国际关系研究所，1965.

29.王炳照，徐勇.中国科举制度研究.石家庄：河北人民出版社，2002.

30.汪圣铎.两宋货币史.北京：社会科学文献出版社，2003.

31.吴筹中.中国纸币研究.上海：上海古籍出版社，1998.

32.吴裕成.生肖与中国文化.北京：人民出版社，2003.

33.西藏自治区钱币学会.中国西藏钱币.北京：中华书局，2002.

34.献可.近百年来帝国主义在华银行发行纸币概况.上海：上海人民出版社，1958.

35.许小主.典当.北京：中国社会出版社，2009.

36.杨先材，王顺生，王钦民，等.中国革命史.北京：中国人民大学出版社，1987.

37.余榴梁，徐渊，顾锦芳，张振才.中国花钱.上海：上海古籍出版社，1992.

38.张传玺.简明中国古代史.第3版.北京：北京大学出版社，1999.

39.张志超.中国纸币.太原：山西经济出版社，1997.

40.赵力成.世界货币图录.哈尔滨：黑龙江人民出版社，2001.

41.郑道平，张贵乐.货币银行学原理.第6版.北京：中国金融出版社，2009.

42.郑轶伟.中国花钱图典.上海：上海文化出版社，2004.

43.郑轶伟.中国花钱图典续集.上海：上海文化出版社，2006.

44.周卫荣.中国古代钱币合金成分研究.北京：中华书局，2004.

45.中国人民政治协商会议全国委员会文史资料委员会.辛亥革命在各地——纪念辛亥革命八十周年.北京：中国
　文史出版社，1991.

（二）论文

1.蔡史君.日本占领新加坡期间的文化宣传政策——着重探讨第一次"天长节"庆典.南洋问题研究，2005（1）.

2.戴志强，周卫荣.中国古代黄铜铸钱历史的再验证——与麦克·考维尔等先生商榷.中国钱币，1993（4）.

3.丁进军.晚清四川卢比始铸时间考订.中国钱币，2000（4）.

4.冯庆豪.重庆中国三峡博物馆藏川汉铁路公司股票研究.四川文物，2011（4）.

5.冯小露，梁秀瑛.辛亥四川保路运动始末.文史精华，2010（10）.

6.黄伟.规范化：武德钱文直、旋读之争的新诠释//何力.考古学、民族学的探索与实践.成都：四川大学出版社，2005.

7.赵匡华，周卫荣，郭保章，等.明代铜钱化学成分剖析.自然科学史研究，1988（1）.

8.周昆宁.会昌开元钱研究.中国钱币，2001（1）.

9.周卫荣.我国古代黄铜铸钱考略.文物春秋，1991（2）.

10.周卫荣.麦克·考维尔等论中国古代黄铜铸钱史.中国钱币，1993（4）.

参考文献